Sales Master

7天成为销售高手

Become A
Sales Master In 7 Days

化学工业出版社
·北京·

内容简介

在竞争激烈、产品高度同质化的当下，销售能力愈发成为脱颖而出的关键。《7天成为销售高手》旨在助力读者全面提升销售表现，实现从新人到高手的跃迁。

本书将销售高手的核心能力拆解为七项关键技能，每天专注学习一项，七天为一个学习周期，从销售心理博弈与信任建立讲起，逐步深入到销售语言艺术、目标规划与执行、好莱坞故事线成交法则、情绪管理与谈判技巧、非语言沟通与身体语言等，最后落脚于销售高手的心态养成。作者融合了演讲、主持、编剧等多领域经验，以实战为导向，分享真实销售场景中的实用方法。

本书结构清晰、实战性强、表达独到、语言亲切，适合销售新人、一线从业者、创业者及渴望提升说服力的职场人士。

图书在版编目（CIP）数据

7天成为销售高手 / 王晶晶著. -- 北京 : 化学工业出版社, 2026. 1. -- ISBN 978-7-122-49237-1

Ⅰ. F713. 3

中国国家版本馆 CIP 数据核字第 20259CH889 号

责任编辑：刘　丹

责任校对：王　静　　　　装帧设计：李　冬

出版发行：化学工业出版社（北京市东城区青年湖南街 13 号　邮政编码 100011）

印　　装：三河市双峰印刷装订有限公司

880mm×1230mm　1/32　印张 7　字数 127 千字　2026 年 1 月北京第 1 版第 1 次印刷

购书咨询：010-64518888　　　　售后服务：010-64518899

网　　址：http://www.cip.com.cn

凡购买本书，如有缺损质量问题，本社销售中心负责调换。

定　　价：59.00 元

前言

在这个竞争愈发激烈、产品高度同质化的时代，想要在茫茫人海中脱颖而出，靠的往往不是产品本身，而是你能否讲好一个引人入胜的故事，是否具备让人信服的强大气场。

很多人觉得销售只是一种谋生的手段，我不是很同意。在我看来，销售过程有一种极具魅力的连接力，它不仅搭建起你与他人之间沟通的桥梁，更连接着你与自己的内心世界。你如何清晰且有力地表达“我是谁”，直接决定了别人是否愿意主动靠近你、了解你。

这种连接力，是可以通过练习获得的。我自己就曾是一个对镜头胆怯的人，通过日复一日的刻意练习，我不断提升自己的表达力和说服力。那些让人羡慕的“销售高手”，他们的背后其实都有一段通过不断练习积累底气的故事。

在创业的这些年里，我越来越深刻地意识到一个道理：销售不仅仅是“把东西卖出去”，更是“让别人相信你”。其中最关键的，不是你有多会说话，而是你有没有一颗真诚的心，能不能讲一个动人的故事。

我写这本书，不是为了教你“搞定客户”，而是想把我作为一个创始人、一个主持人、一个演员、一个老师，这一路走来学会的表达能力分享给你。销售，本质上是一种表达，而最打动人的表达往往不是“炫技”，而是真实、有力量、有逻辑的故事。

由于工作经历的缘故，我对电影剧情结构产生了浓厚的兴趣，尤其是好莱坞的经典剧本。我发现，那些能打动观众的故事，同样可以运用在销售领域。客户就像电影的主角，而你就是那个让他们走出舒适区、迈向改变的“引导者”。这正是本书的一个特别之处：我们不仅讲销售方法，也讲如何用故事来赢得客户信任。

本书分为七个部分，对应七天的系统学习路径，旨在帮助读者在短时间内掌握销售的核心技能，实现能力的快速跃迁。

第 1 天聚焦销售的心理博弈与信任建立，了解客户心理，运用真诚、专业和利益等方式与客户建立信任感。

第 2 天探讨销售的语言艺术，通过巧妙提问发现客户的需求，运用恰当的语言打动客户。

第 3 天涉及销售目标、规划与执行，设定清晰的目标，制订合理的计划，提升执行效率。

第 4 天介绍好莱坞故事线成交法则，将电影叙事结构应用到销售中，用故事赢得客户信任。

第 5 天关注情绪管理、谈判与异议处理，识别客户真实疑虑，有效化解难题，达成成交。

第 6 天介绍非语言沟通与身体语言，运用眼神、语速等技巧提高沟通影响力。

第 7 天强调销售高手的心态养成，回归销售根本，培养长期主义心态，坦然面对拒绝。

本书有以下特色。

结构清晰：以“7 天”为一个学习周期，帮助读者逐步掌握销售心理、沟通技巧、异议处理等关键能力。

实战导向：所有内容均来自实践，结合真实销售场景进行解析，避免了空泛的理论论述。

表达独到：融合我在演讲、主持、编剧等领域的表达经验，系统讲解如何讲好一个打动客户的故事。

思维升级：引入好莱坞编剧方法、心理学原理、非语言沟通技巧等，揭示销售表达背后的底层逻辑。

本书适合职场新人、一线销售人员、店长与创业者参阅，也适合热爱销售、渴望自信表达的读者阅读。

最后，我想说，销售不是一场“零和博弈”，而是一场“价值共创”。希望通过这本书，能让你明白：真正的销售高手并非依靠话术取胜，而是凭借真诚与故事赢得人心。愿你在阅读的过程中，找到属于自己的独特表达方式，成为那个“有思想的表达者”。

著者

目录

第1天

销售的心理博弈与信任建立

7天成为销售高手

从业多年，我深切体会到：客户从来不是被说服的，而是被信任打动的。无论身处哪个行业、推销何种产品，即便说得天花乱坠，若客户不信任你，一切都是徒劳。然而，信任并不是客户听到你说“相信我”就会产生的，它更像是一场心理博弈，也是一场没有硝烟的“战争”。

客户在接触销售时，刚开始往往有防备心理，这是人的本能反应。当你向客户谈方案、介绍产品时，即便你面带微笑，客户内心可能也会盘算：“这个人是不是在忽悠我？”“这个价格是不是有猫腻？”“他说的真的靠谱吗？”此时，你需要尝试走进客户的内心世界，站在他们的立场思考：他们究竟害怕什么、担心什么，又最渴望得到什么？有时候，客户嘴上说的并非心里所想，你得去捕捉细节，比如留意他们眼神的闪躲、语气的迟疑以及手势的微妙变化，从而捕捉其真实想法。

早期创业时，我曾遇到一位强势的中年男性家长。交流过程中，我刚开口就被他打断，他表示：“你们这些课程，我听过太多，没啥新意。”我并未因此气馁，而是笑着回应：“那您觉得什么样的课程才算是有新意？”这一问，将话题主导权交给了他。随着不断阐述，他的情绪逐渐缓和。等他说完，我才补充道：“其实我刚才没说的那部分，正好是为您孩子的这种情况量身定制的。”那一刻，他眼睛一亮，开始认真听我说话。

信任，就是这样在点滴中建立起来的。它并非靠一句漂亮话就能赢得，而是在心理博弈过程中，始终将客户放在心上，让客户感受到你不是在推销产品，而是在帮助他们解决问题。

销售不仅是语言的艺术，更是心理的博弈。首先，成功的销售，并不是依赖“话术”，而是要运用语言与心理的双重策略。其次，要善于运用语言的魅力影响客户的思维，借助心理学方法引导客户做出决定。最后，客户购买的并非产品本身，而是他们对美好未来的想象。若你能让他们看到未来的美好图景，他们就愿意相信你、选择你。本章将围绕如何理解客户心理、建立信任以及挖掘隐性需求展开，帮助你掌握销售中的核心技法。

1.1 理解客户心理：需求、动机与决策过程

销售人员在与客户沟通时，最大的误区是什么——他们总以为自己很了解客户的需求，但其实他们往往只是站在自己的

角度自说自话。

我亲身经历过这样一个场景，一位销售员向我推销一款高端空气净化器，他全程热情高涨，不断强调产品的技术优势：“我们的过滤系统比市面领先 20%，除菌率高达 99.9%，是目前最先进的技术之一……”

这些数据听起来固然令人印象深刻，但我根本不在乎这些。他讲得越起劲，我的兴趣反而越淡。最后，我选择了其他品牌一款过滤效率相对低、价格却更高的产品。你可能会觉得奇怪，为什么我放弃了“性能更强、价格更优”的选择？

答案其实很简单。因为那位销售员从头到尾都没有发现我真正想要的是什么。我想要的，并非冷冰冰的参数、高科技术语或行业领先的数据，而是一个更具象、更情感化的画面——“家里的空气清新，儿子不再过敏，我终于可以安心睡觉了。”如果那位销售员能够听懂我表达背后的语言，理解我话语中真正的动机，并用能够用触动我情感的方式进行沟通，或许就能成交了。

所以，值得所有销售人反思的问题是：客户的购买决策到底是如何运作的？他们为什么会购买？他们的决策是如何一步步形成的？这背后涉及销售过程中至关重要的三个心理要素——需求、动机与决策过程。

客户的购买理由并不像表面看起来那样直接。他们的购买行为往往被多层次的需求（包括显性需求与隐性需求）、深层次的动机（情绪、价值观、身份认同）以及一套相对可预测的决策逻辑共同驱动。

真正顶尖的销售高手，永远不会只看客户“说了什么”，而是试图理解客户“为什么这么说”。他们能捕捉语言背后的信号，识别情绪背后的欲望，洞察话语背后的价值。理解这些心理机制，不是可有可无的加分项，而是销售之路的起点，更是真正理解“人性”的第一步。

1.1.1 客户需求的多层次性

客户的需求并不是单一的，而是具有多层次性，通常可细分为表层需求（显性需求）和深层需求（隐性需求）。这一观点与马斯洛的需求层次理论不谋而合，为我们深入理解客户需求提供了有力的理论支撑。

根据马斯洛的需求层次理论，人类的需求可划分为五个层次，在客户购买行为中有着清晰的体现，同时也为销售提供了明确的切入点，客户购买行为分析如表1-1所示。

表 1-1　客户购买行为分析

需求层次	客户购买行为的表现	销售应如何切入
生理需求	追求实用、性价比	强调产品的基本功能，如耐用、省钱、方便
安全需求	关心品质、品牌信誉	强调产品的可靠性、保障措施、行业认证
社交需求	关注圈层影响、用户评价	利用口碑营销、社交媒体推荐、客户案例
尊重需求	追求身份象征、个性化	强调产品的高端定位、限量版、专属服务
自我实现需求	购买是为了实现个人价值	讲述品牌理念、人生愿景，与客户产生共鸣

显性需求，即客户明确表述的需求，是他们购买产品或服务的直接原因，比如购买产品或参加课程的明确诉求。隐性需求更为隐晦，涉及客户的情感、价值观、长期目标等方面。例如，当家长表示“孩子内向，不敢在人前说话”时，这是表面的显性需求，其背后可能潜藏着更深层的隐性需求，如“希望孩子能够变得更加自信，以便将来拥有更多发展机会”。

如果你在销售一款高端演讲培训课程，不同客户的需求可能完全不同。

家长 A（生理 + 安全需求）：“我的孩子普通话不好，未来找工作会不会受影响？”——你应该强调课程的系统性和实用性。

家长 B（社交 + 尊重需求）：“我希望孩子能上台演讲，让老师和同学刮目相看。”——你要强调课程带来的社交价值。

家长C（自我实现需求）：“我希望孩子能成为一个真正有影响力的人。”——你要谈课程如何帮助孩子建立领导力和影响力。

在多年的教学和销售经历中，我学会了通过提问和观察来挖掘客户的深层次需求。比如，在与家长沟通时，我不仅关注他们提到的孩子“内向、不敢说话”，更会尝试引导他们聊一聊自己对孩子未来的期待。这种需求的探索往往会带来更多的合作机会。

客户通常只表达他们能明确认知的需求，但销售的真正价值在于能帮助他们发现自己未曾言明或尚未意识到的需求。例如，在销售口才课程时，如果只停留在“提升表达能力”这个表层需求上，而没有深入探讨“家长希望孩子未来在社交、学习，甚至求职方面更有优势”，那么沟通的深度就不够，销售的价值也就可能被低估。

仅仅满足显性需求，销售容易陷入“产品导向销售”的困境，导致竞争压力巨大。若能满足客户的隐性需求，就能提供更高价值的服务，增强客户信任，甚至促进长期合作。例如，让家长意识到口才训练不仅能提升表达能力，还是孩子未来综合竞争力的重要组成部分，那么他们会更愿意投入时间和资源，为孩子的未来发展买单。

1.1.2 购买动机分析

客户的购买动机可以归结为五类，如表 1-2 所示。

表 1-2 客户的购买动机分类

购买动机	具体表现	销售员的应对策略
痛点驱动	解决一个困扰已久的问题	强调“如果不买，会有什么损失”
利益驱动	购买能带来实际好处	讲清楚购买后“客户能获得什么”
情感驱动	购买是因为情绪影响	讲故事、产生情感共鸣
从众驱动	购买是因为别人也在买	提供社交证明，如“×× 人已购买”
紧迫驱动	购买是因为怕错过机会	限时优惠、名额稀缺、倒计时促销

那么我们如何在实际场景中应用呢？

（1）如果客户犹豫不决，可以利用痛点驱动：“您家孩子在班上发言还是不够自信吧？如果现在不解决，等到初中、高中，竞争会更激烈，到时候会更难提升。”

（2）如果客户在乎结果，就要使用利益驱动：“学习这门课程，孩子不仅能学会表达，还能提高逻辑思维能力，在未来职场中也会更有优势。”

（3）如果客户容易受周围人影响，从众驱动最有效：“这门课已经有超过 2000 位家长报名，很多孩子通过训练已经在学校的演讲比赛中获奖了。”

曾经，我遇到过一位犹豫不决的家长，他一直在忧虑课程的投资是否物有所值，孩子是否应该学习表达。我并没有急于劝说他报名，而是通过一系列问题引导他重新思考："如果孩子持续内向，错过了学校演讲比赛的机会，您是否会感到遗憾？""如果孩子在班级中始终默默无闻，您认为他的自卑感是否会加剧？"这些问题促使他意识到，真正让他犹豫的并非课程费用，而是他不希望孩子将来因表达能力不足而错失成长的机遇。这种动机分析，帮助我与客户建立了更深层次的联系。

1.1.3 客户决策过程解读

客户从产生兴趣到最终购买，通常会经历以下心理过程：

注意（Attention）：发现产品 → 你要引起他的兴趣。

兴趣（Interest）：了解产品 → 你要讲清楚产品的价值点。

欲望（Desire）：产生购买冲动 → 你要激发他的购买欲望。

行动（Action）：最终做出购买决定 → 你要消除他的顾虑，促成成交。

如果你在推广一门儿童口才培训班课程，你的沟通策略应该是这样的：

注意："现在孩子口才不好，将来竞争力会受到影响。"（引发焦虑）

兴趣："我们的课程体系已经帮助上千名孩子提升了表达能力。"（提供可信数据）

欲望："很多孩子经过训练后，获得了演讲比赛的大奖。"

（塑造美好愿景）

行动：“现在报名，赠送一节 VIP 体验课，名额有限。”（制造紧迫感）

客户的决策是一个“心理旅程”，销售者的任务就是在每一个阶段提供针对性的引导。比如，当客户还在感知问题时，你需要帮助他们明确痛点；在权衡选择时，你要用清晰的价值点打消他们的疑虑；在做出决定时，你需要给出一个明确的行动建议，比如试课体验或限时优惠，或者是配合他们制订一套完整的学习计划。

销售的第一步，不是讲产品，而是理解客户。要知道：客户的需求不止于表面，要深挖他们真正想要的；客户的购买动机各不相同，你要找到他们的驱动力；客户的决策过程是渐进的，每个阶段都需要正确引导。

销售高手，懂产品，更懂人性。

1.2 建立信任：诚信在销售中的重要性

在销售行业，有一个很现实的问题：客户似乎天生对销售人员带有戒备心理。很多销售人员可能觉得委屈——我明明是在帮客户推荐合适的产品，为什么他们总是防备我？

其实，客户的这种心理是有根源的。在心理学上，这种现象叫“自我防卫机制”，当客户觉得对方的目的不是单纯为自己好，还带有某种私利（比如赚提成、完成业绩）时，他们就会本能地提高警惕。

更严重的是，销售行业存在“劣币驱逐良币”的现象。部分销售员为了实现成交，全然不顾客户的真实需求，不惜夸大产品效果、隐瞒产品缺点。这种行为严重损害了客户的利益，也导致整个销售行业的诚信度不断下滑，客户对销售人员的信任度自然也就越来越低。

那么，在这样的大环境下，销售人员应该如何建立信任，让客户真正愿意倾听、相信并最终选择自己呢？答案就是诚信，诚信才是销售中最有竞争力的东西。

很多人把“建立信任”当成一种销售策略，比如用“客户见证”“权威背书”“社交认同”等手段来让客户信任自己。然而，这些方法只能短期见效，难以长久维系。真正的信任，是建立在长期、真实且可验证的基础之上的。

心理学研究表明：人的大脑会不自觉地探测对方的真实性。如果销售员的话术中透露出一丝虚假或者隐瞒的痕迹，客户的大脑便会自动激活“防御系统”，此后哪怕你说得再天花乱坠，也很难真正获得客户的信任。

所以，诚信并非销售的一种手段，而是销售的核心竞争力所在。

有一个关于日本丰田汽车的经典案例。20世纪90年代，丰田的一款新车进入美国市场后，销量一直不温不火。当时，竞争对手用各种营销手段抢占市场份额，而丰田却反其道而行——在广告中直言不讳地列出产品的缺点，比如“这款车的后排空间比同级别的车小”“如果你喜欢运动感，可能更适合选择另一款车型”。

结果，这款车的销量反而在一年后大幅上升，成为北美市场的畅销车型。为什么呢？因为客户发现，丰田敢于说真话，他们更愿意相信丰田说的优点也是真实可靠的。

这个案例充分说明，一名销售员如果能做到诚实，客户反而更愿意信任你，从而更愿意买单。

1.2.1 信任的经济价值

信任并不是一个“软指标”，它有着切实的经济价值。研究表明，客户对销售者的信任度越高，复购率和推荐率就越高。这也是为什么很多知名品牌会通过各种方式与用户建立长期信任。对于销售者个人来说，诚信和真诚是构建信任的关键，因为人们不喜欢被操控和欺骗。

回顾我多年的从业经验，那些对我有着高度信任的客户，不仅保持每年高频的续费率，还会主动推荐很多朋友。

1.2.2 诚信销售的实践

诚信销售不是简单地告诉客户“我不会骗你”，而是通过实际行动传递信任感。比如，我从不夸大课程的效果，而是明确告诉家长表达能力的提升需要孩子的坚持和配合。所以我会不断和每位家长强调“学+练+赛”的学习公式。我会结合其他孩子的真实案例，帮助家长树立合理的预期。正是因为这种坦诚的沟通，很多家长成了我们的长期客户，并且更愿意配合老师一起帮助孩子获得更好的学习效果。

1.2.3 在销售过程中建立真正的信任

1. 真实透明

永远不要为了成交而夸大或者隐瞒信息。销售的底层逻辑从来不是“说得多”，而是“信得过”。在客户与销售员的关系中，信任的建立永远排在成交之前。缺乏信任的成交，迟早会流失；而建立在信任之上的合作，才会持续、稳固，甚至带来转介绍与品牌价值的扩散。要想在销售中赢得客户的信任，就必须牢牢掌握信任的构建逻辑。在我看来，最核心的一个原则就是真实透明。

很多销售人员容易陷入一个惯性误区：“客户想听什么，我就说什么。”当客户带着期待与疑虑发问时，比如：“你们的课程真的能让孩子三个月就变得特别自信吗？”一些销售员为了尽快促成交易，会脱口而出：“当然可以！保证有效！”这类回答听上去信心十足，能瞬间满足客户的心理预期，但问题在于这是真的吗？

答案往往是否定的。孩子的成长无法被统一设定节奏，每个孩子的变化都需要时间，也会受到性格、家庭配合度、原始基础等多重因素影响。因此，真正负责任的表达应该是：“每个孩子的进步速度不同。有些孩子在三个月内就能自信地站上舞台，有些孩子可能需要更长的周期，比如半年甚至一年。但我们有完整、系统的训练体系，可以确保每一个孩子都在稳步成长。”这样的表述虽然没有那么“热血”，也不具备立刻打动人心的刺激性，却会种下一颗信任的种子。

客户愿意相信你，不是因为你把产品吹得天花乱坠，而是因为你愿意说实话，哪怕这种“实话”不够令人兴奋。你能坦诚地面对不确定性，能帮助他们建立合理预期，也能勇敢地指出产品的局限性，这种坦率是销售语言中最具分量的部分。当你在一开始就坦白“并不是所有孩子都能迅速突破”，那么当你说“我们的课程在表达逻辑、心理自信上的设计非常有系统性”时，客户就会选择相信你。

在实战中，有三个方法可以帮助你持续建立这种信任。

（1）不夸大产品效果。不要急于承诺“短期见效”，而是用案例与数据支撑“稳步进展”，这不仅会提升专业感，也能避免客户后期产生心理落差。

（2）敢于说明产品的边界。比如有些孩子需要家庭配合度高、有些内容适合某年龄段以上的孩子等，越是早说清楚，客户越能感受到你并非急功近利。

（3）在“不完美”中呈现“真实好”。客户往往更愿意相信那些敢说“还在优化”“这部分比较依赖练习频率”的销售员，而不是一味强调“完美无缺”的销售员。因为完美在现实中并不存在，坦率反而更接近人性。

总体来说，信任不是技巧，而是一种表达状态。当你敢于说“不确定”、不急于“承诺结果”、不回避“实际难点”时，你已经迈出了通往客户内心的第一步。销售，不是让客户觉得你厉害，而是让客户觉得你可靠，这份“可靠感”就是你在复杂的市场中最稳固的护城河。

2. 利益对齐

站在客户的角度思考，而不是只想完成成交。在销售过程中，客户最排斥的不是价格高、介绍多，而是销售员那种“我只想成交、你只是我的目标用户”的心理。当客户感觉到你只是想完成任务、完成配额，而不是设身处地为他着想时，防备心理就会立刻产生，哪怕你说得再动听，也很难真正打动对方。

心理学中有一个被广泛验证的效应，叫作“利他动机效应”（Altruistic Motivation Effect）。它的核心观点是：当客户感知到你是出于帮助、关心、尊重他的角度在交流，而非单纯地推销产品时，他会更愿意接受你的建议，甚至更容易建立长期合作关系。

曾有一个经典的健身行业案例，至今仍被许多销售培训机构反复引用。一家健身房的销售员在接待新客户时，并没有急于推销年卡或介绍场馆器械、教练团队，而是先问：“您为什么想来健身？您的目标是什么？”这位客户回答：“我想减肥。”销售员没有顺势推荐价格最高的年卡，也没有渲染“全面健身对您有多好”，反而说：“如果您的目标只是减掉 5 公斤，可能不需要年卡。我们有一个短期减脂营，效果不错，成本也更适合这个目标。”最终，这位客户不仅购买了短期课程，还在减脂营结束后主动续费办理了年卡。原因很简单——他觉得这位销售员是真的在为自己考虑，而不是一开始就想让他花最多的钱。

这个案例告诉我们一个道理：真正高明的销售，不是说服客户接受你的产品，而是帮客户梳理清楚他的真实需求，并站在客户的立场为其提供最适合的解决方案，哪怕这个方案暂时无法给你带来最大商业回报。

在实际操作中，有三个关键点可以帮助你将“利益对齐”

落到实处。

第一，在客户尚未明确需求时，绝不能急于推销。此时最重要的不是展示产品有多好，而是通过提问与倾听，引导客户厘清自己的真实目标。这一过程本身就是信任建立的开端。

第二，如果你判断自己的产品并不完全适合对方，一定要有勇气坦诚说明。比如“目前阶段不一定需要这个等级的课程”或者“我们这款产品更适合 ×× 类型的客户”。这样的真诚会让客户感受到你的专业与良心，为后续合作打下坚实基础。

第三，要彻底转变对“成交”的理解。成交从来不应是“说服对方掏钱”，而是找到一个让双方达成共赢的解决方案。只有当客户觉得“你是真的在为我好”，他们才会心甘情愿地把钱交到你手里——不仅这一次，还包括下一次、下一次的朋友介绍、下一次的品牌传播。

销售的本质不是“成交最多的人赢”，而是“为客户创造的价值最大的人赢”。你越能将客户的利益放在首位，越能将销售变成合作，把客户从交易对象转化为长期伙伴。这才是可持续的销售力，也是真正优秀销售员的心法。

3. 兑现承诺：只有说到做到，才能建立长久的信任

在销售中，信任看似无形，却是最坚实的基础。它的建立往往只需要一个简单而坚定的承诺，它的崩塌有时也只因一次

不经意的疏忽。许多销售员之所以流失客户，往往不是因为产品本身不好，而是在承诺环节出了问题——答应了却没有做到，说出口的“保证”变成了客户心中的“欺骗”。

行为心理学中的“认知一致性原理”认为：人们倾向于相信那些言行一致的人。一旦客户发现销售人员的行为和承诺不一致，就会产生强烈的心理落差，继而质疑其专业性与诚信度，最终影响客户对整个品牌的信任。

举个常见的例子，为了促成付款，有些销售人员在客户犹豫不决时会抛出各种承诺，如“报课就送大礼包”“赠送额外试听课”“保证孩子三个月内显著进步”等。客户带着期待签单了，可是等真正付款后才发现礼包缩水、试听课没影、效果也不如预期。哪怕产品本身不差，这种落差也会让客户迅速转变情绪，甚至从信任转为质疑、抱怨，进而传播负面口碑。

反过来看，真正有责任感的销售员会对每一个承诺慎之又慎——不是承诺得多，而是兑现得准。他们明白，一个被兑现的承诺胜过十句华丽的保证。尤其是在客户期待值已经建立的情况下，哪怕你只是按部就班地交付服务，也足以稳固信任基础；如果你还能在服务中“超额兑现”，客户感受到的将不只是满意，而是惊喜。

所谓“超额兑现”，指的是在客户没有预期的地方，给出一点额外的满足感，如多赠送一节体验课、提前安排教学环节、为孩子准备一份小小的鼓励卡片等。这些看似“额外”的动作，往往会在客户心中种下“我被重视”的情绪记忆，进而成为信任的放大器。

在实战中，我们常用三条原则来检视自己的承诺体系。

（1）所有承诺都必须慎重，确保100%可执行。承诺不是为了成交，而是为了信任。承诺做不到，等于自己给自己挖坑。

（2）若承诺内容出现调整或变更，必须第一时间向客户说明。不要等客户来质问，更不要试图用其他好处掩盖问题。客户真正反感的不是变化，而是不透明。

（3）适度运用“超额满足”策略。它不应是营销套路，而应是一种关系维护的仪式感。适时的额外惊喜，不仅能提升客户的满意度，也能在关键时刻起到情感挽留的作用。

销售不是承诺越多越好，而是你说的每一句话，客户都能在现实中感受到兑现了。长期来看，说到做到的销售员，才是最值得客户信赖的人。这种被兑现的信任，也将成为你职业道路上最稳固、最具复购力的资产。

4. 情感链接：让客户喜欢你

信任是客户愿意了解你的产品的起点，而情感链接才是促使客户真正决定买单的关键所在。很多销售员认为，只要把产品介绍清楚、优惠政策讲到位，客户就会做出购买决定。但事实上，客户买的往往不仅仅是产品，更是与你这个人的连接感，是你带给他的体验与感受。他不是在和你完成一笔交易，而是在决定是否与你建立一段关系。

你是否有过这样的感受？明明别人说得也很有道理，但你就是不愿意接受，原因可能不是说话内容本身，而是对方的语气让你不舒服，或者你对那个人缺乏好感。销售也是如此，客户买单的那一刻，往往不是因为被说服了，而是因为他的内心在某个瞬间产生了“我愿意相信你”的感觉。

我印象最深的一位客户，是一位连续在我们机构报了三年课程的家长。她刚来的时候其实很冷淡，言语之间总是小心翼翼。但我很快注意到，每当她提到孩子时，语气会不自觉地柔和下来。于是，我从孩子入手，真诚地说：“他是不是特别喜欢表演？我感觉他一站上台，眼睛就亮起来了。”她愣了一下，然后点点头说：“其实我也这么觉得，但我们家人一直比较苛刻，总觉得他这不算正经事。”那一刻，我们的关系发生了变化——从“销售与客户”变成了“理解她的孩子的朋友”。她开始放松，也开始信任我，后来的沟通越来越顺畅，合作也越来越深入。

那么，情感链接该如何建立呢？

首先，销售员必须学会“看见人”，而不是只看见“成交潜力”。客户不是一个待开发的销售目标，而是一个带着情绪、压力与期待的完整的人。他也许正在为孩子的表现焦虑，也许刚经历了一次职场上的失落，他真正需要的不是产品功能，而是来自销售者的一点理解与温度。有些销售员总是急于介绍课程安排、讲师背景，却忘了问一句："您家孩子是第一次参加这种课程吗？"这一句轻轻的提问，可能就是打开客户心门的起点。

其次，要学会讲故事，而不是一味地讲产品的功能。人对逻辑的接受程度有限，但对故事的感知力极强。与其用枯燥的文字介绍课程模块，不如分享一个真实的成长故事："我们之前有个孩子，刚来时都不敢和人对视，三个月后居然主动报名参加校园主持比赛，还获得了评委点赞。"这种有温度、有转变、有情绪起伏的故事，更容易激发客户的情感认同。

最后，不要害怕"聊远了"。情感链接不是控制，而是一种允许——允许客户谈论与课程无关的生活琐事，允许你们的对话带点轻松与闲适的味道。有一位家长曾在交流中无意说了一句话："这几天真的忙得焦头烂额。"我接话说："工作最近很紧张吗？我昨天也加班到十一点，感觉整个人都快虚脱了。"这并不是客套话，而是一种在人与人之间建立共鸣的主动靠近。当你们之间开始出现这种生活中的共鸣点时，你就不再是一个"推销者"，而是成为"愿意一起解决问题的同行者"。

最打动人的往往不是你讲了多少，而是你有没有以一种真诚的态度去回应客户内心的期待。我曾有一个客户，三年未续课，突然给我打来电话："我们想回来重新报。"我问她是什么契机促使她回来，她说："学校有个活动，我女儿表现得不错，她说是因为你曾告诉她，要抓住每一次表现的机会。我觉得你对她的影响挺大的，还是想让她继续跟你学。"那句话，我早就不记得了，但她却记了三年。

销售，从来都不是一锤子买卖。你种下的是一种情绪温度，而客户会在未来的某一刻，带着这种情绪温度回头找你。你不是在卖产品，而是在建立关系；你不是在争夺成交，而是在积累信任；你不是在完成一次销售，而是在种下一颗连接人心的种子。

因此，在销售实践中，请谨记以下几点：不要一上来就推销产品，而是先去倾听客户的心声、理解客户的情绪；每一次沟通时，多一分关注客户这个"人"的耐心，少一分急于成交的焦虑；用故事引发共鸣，用共情建立信任；最终，把"客户关系"转化为"人与人之间的链接"。这就是销售真正的温度，也是你立于信任长河中的力量所在。

1.3 挖掘隐性需求：洞察客户的深层次渴望

客户真正想要的，往往不会直接告诉你。优秀的销售员不仅能满足客户的显性需求，更能洞察并回应其隐性需求。很多销售员认为“问清需求、提供产品”就能成交，但真正的高手知道，这远远不够。客户说出口的是显性需求，真正驱动其进行决策的是潜藏的隐性需求。

显性需求：客户能清晰表达的具体目标，如“给孩子报口才班”“买空气净化器”。这些话听起来清楚、直接、有目标感，但如果你只停留在这一层面，容易陷入“介绍产品—讲价格—被拒绝”的循环。

隐性需求：未直接说出口，却会影响决策的内心渴望。如家长说“报口才班”，可能是希望孩子更自信、被认可；买净化器的人，可能是担心家人的健康或追求生活品质；企业要培训，可能是管理者想证明能力、争取晋升。这些未说出口的渴望，才是促成成交的关键。

案例拆解：从表面到深层的转化

一位家长来咨询少儿口才培训课程时说：“我想让孩子学口才，提升表达能力。”

如果是普通销售员，可能会立刻介绍师资、课程、优惠政策；如果是销售高手，则会追问：“您希望孩子在哪些场景有更明显的提升？是希望他在课堂上更敢举手发言，还是希望他能站在台上演讲更自如？”

这时，家长犹豫了一下，说："其实最近学校有个演讲比赛，孩子表现得不太好，回来后一直很沮丧，我挺担心他的自信心的……"

此时，隐性需求浮出水面：家长真正在意的是孩子的信心与被认可的能力，而非单纯的表达技巧。

如果销售员回应："很多家长有类似情况。我们的课程不仅教技巧，还有演讲比赛实战环节，能帮孩子提升表现力，让评委眼前一亮。"这便是精准回应隐性需求，从这个时刻起，成交的天平已经悄然倾斜。

关键总结：隐性需求是成交的引擎。普通的销售员只听"问题"，优秀的销售员能洞察"动机"，通过倾听、提问、引导，挖掘出客户的情感困扰与深层渴望。

1.3.1 显性需求：听懂客户说出口的话

1. 识别显性需求背后的关键意图

显性需求是客户早期表达的模糊轮廓，需要通过引导将其具体化。例如，客户说"想提升孩子的表达能力"，背后可能是想让孩子做到"课堂敢举手""台上不怯场""主动表达想法"等分支。

当客户说:“我想给孩子报个口才班。”普通销售会直接推荐产品，介绍课程设置、师资背景、优惠政策;高手则会追问:“您更希望孩子在课堂上发言更积极，还是在公开场合表达更从容？”

客户听完这样的提问，往往会认真思考一下，然后回答:“我主要是希望他在同学面前更有自信，能大方表达，不要总躲在人群后。”这一刻，模糊的“表达能力”就被定义为“公开场合的自信表达”。这样的沟通既能帮客户厘清需求，也能为后续推荐提供精准定位。

总而言之，不要仅满足于客户说出的“标签词”，要引导客户进行具体化;不要急于推销，要先界定真实需求。真正优秀的销售员，不是只听客户说了什么，而是要听出客户想解决什么问题。

2. 通过追问“使用场景”，让需求变具体

在销售对话中，客户常会表达一些听起来明确，实则模糊的显性需求。比如，客户说“我需要提升表达力”，这话虽然表面上明确了方向，但客户对这个显性需求的表达往往缺少上下文。他为什么需要提升表达力？在哪些情境下表达能力会被用到？期待的效果又是什么？销售员会通过提问将客户拉回具体场景:“您想让孩子提升表达能力，是为了应对学校活动还是日

常与人交流？”

举个常见对话场景：

客户说：“我想给孩子提升口才。”

很多销售员会立刻开始介绍课程内容和教师资质。但更合适的回应方式是：“太好了，能问一下您希望孩子在哪些场景下表现得更好吗？是在课堂上更愿意发言，还是希望在公开比赛中更有自信？或者是在日常生活中更能主动表达自己的观点？”

这种问法的意义在于：你没有急于展示产品，而是引导客户去具体化他的需求。若客户回答：“最近学校有个演讲比赛，他总是很抗拒，我觉得他需要系统训练。”这时候，销售员再回应：“明白了，我们在课程中有专门为演讲比赛设置的实战模拟和舞台训练模块，正好可以帮助他建立信心和提升表现力。”此时，产品的价值不再是“课程内容丰富”，而是“解决具体问题、满足实际需求”。

这种通过场景提问完成“需求定位”的方式，看似简单，背后实则是一整套认知迁移的能力。你不仅帮助客户从“模糊愿望”走向“清晰目标”，还在潜移默化中完成了信任构建。因为你表现出的不是推销冲动，而是理解意图——客户会因此更愿意继续与你交流，更容易接受你提出的解决方案。

场景追问有三个核心价值：

◇ 让模糊需求转化为“在某场景达到某效果”；

◇ 明确推荐方向，避免泛泛而谈；

◇ 达成“共同解决问题”的共识，而非单向推销。

3. 复述确认需求，达成认知同步

很多销售员在听到客户说出需求后，立即开启推荐模式，试图“趁热打铁”。但这个阶段客户往往仍在观察：你有没有真正听懂我说的？你理解的和我说的是一回事吗？因此，客户表达需求后，别急着推荐，先复述确认，避免出现理解偏差。

比如，客户说：“我希望孩子能在人多的时候也能清楚地表达自己。”这时候，如果销售员立即回应“我们有演讲课，可以报名”，会显得过于仓促。更专业的回应是：“也就是说，您最关心的是他在公开场合能不紧张、有逻辑地表达，而不仅仅是日常讲话，对吗？”客户可能会补充：“对的，平时在家说得挺好，人多就不敢说了。”此时，销售员再顺势回应：“明白了，这正是我们‘舞台表达’模块的重点，专门训练多人场景表达的自信与逻辑。”

这组对话中，销售员没有急于展示产品优势，而是先完成了“语言对齐”和“需求确认”，客户也因此更容易产生信任感和安全感。

这种“复述确认”的技术，本质上是在建立一种“认知同步”。它的意义不仅在于避免误解，更在于让客户产生一种印象：你真的懂我，你是在和我一起解决问题，而不是在向我推销。这种“我说出口，你听进去了，还帮我整理清楚”的体验，会显著提升客户的好感度和信任度。

我们可以把显性需求的沟通分为三个层次：第一，引导关键词具象化；第二，追问使用场景；第三，复述并确认需求重点。这三步合力完成的不仅是“知道”，更是“对得上”“说得清”“讲得准”。

1.3.2 识别隐性需求：听见客户没说出口的话

隐性需求藏在语言之外，需要通过倾听、提问、捕捉情绪等方式来挖掘，以下是三种实用的识别隐性需求的方式。

1. 用“为什么”挖掘动因

许多客户在表达显性需求时，未必能意识到自己更深层的期待。此时，销售员可通过开放式提问引导客户从“表面问题”进入“核心动因”。

对话示例：

客户：“我想给孩子报一个演讲培训班。”

销售A（普通）：“好的，我们有几个班型，给您介绍一下。”

销售B（高阶）："您是因为什么原因想到报这个班呢？"

"那对您来说，最希望孩子在这里获得的改变是什么？"

"如果这门课非常成功，您理想中的结果是什么样的？"

可以看到，销售B的每一个"为什么""是什么"背后，都在帮客户厘清真实动机。

2. 识别情绪触点：情绪越强，动机越深

当客户表现出焦虑、兴奋、担忧等情绪时，往往触及隐性需求。

对话示例：

家长A（平淡）："我觉得孩子的表达能力不太好，需要练练。"

家长B（带情绪）："他上次在学校演讲时，站在台上一句话都说不出来，下来特别沮丧，我真的有点担心他以后都不敢发言。"

显然，家长B更有可能立即行动。因为情绪波动本身就是购买动机的外化，销售员要及时捕捉这种"情绪高点"，这是进入客户心智的入口。

3. 借助故事或假设场景，激发自我投射

当客户的需求比较模糊时，可以通过案例或未来场景帮助

其“代入”识别深层渴望。

对话示例：

讲案例：“有个学生，原本不敢上台，后来通过训练，在学校演讲比赛中拿了第一名，老师和同学的关注也让他整个人变得更积极、自信。”

预设场景：“如果现在不改善，一年后孩子还是不敢在公开场合说话，可能会错过很多机会……这对他的成长有影响吗？”

客户（代入情境后产生共鸣）：“是的，我真的不希望他这样。”

用“提问为什么”“观察情绪”“故事与场景”这三把钥匙，解锁客户未察觉的渴望。销售不是“满足需求”，而是“揭示并唤醒需求”。客户真正说服自己成交的那一刻，是他在你的帮助下，看见了自己的深层渴望。

1.3.3 满足深层次渴望：让产品回应“看不见的需求”

当我们识别出客户的隐性需求后，真正打动他们的关键，从来不是“说得多好听”，而是你拿出一套具体方案，回应他们内心深处的渴望。

以少儿口才培训为例，家长表面上是要“提升孩子的表达能力”，深层是希望孩子“被看见、有自信、在重要场合不怯场”。为此，我们设计了“舞台三部曲”系统，具体如下。

（1）小舞台（自信觉醒）：教室内的模拟训练，环境熟悉、安全感强，能帮孩子打破沉默，建立初步表达体验。

（2）中舞台（结构性自信）：商场路演、短期会演等陌生场景，能让孩子走出舒适区，体验“在别人面前能做到”。

（3）大舞台（价值认同）：年度盛典、电视台录制等高压场景，模拟未来重要场合，让孩子完成“被认可”的心理建设。

“舞台三部曲”是一种结构化的成长模型，它将孩子的表达训练分为三个阶段，即从小到大、从熟悉到陌生、从安全感到挑战感，逐步帮助孩子实现从“敢说话”到“想表达”，再到“被认可”的过程。

当销售人员在讲解“舞台三部曲”时，重点不应该放在“我们一年有几次汇演”“这些活动有多少人看”，而应该是传达一种更高层的理念：“我们不是让孩子‘演一次戏’，而是让他们在人生的每一个舞台上都能自如表达，建立稳定的自我价值感。”你不是在介绍项目，而是在呈现一条让孩子变得更强的路径。

真正打动人心的销售，从来不是用语言去包装产品，而是用产品去回应渴望。满足隐性需求的关键，不是罗列功能，而是讲清楚这个产品是如何一步步回应你的焦虑、匹配你的期待、塑造你在意的未来的。

1.3.4 情感销售的力量

销售的本质，不仅是信息传递，更是人与人之间的心理交互。在销售过程中，真正推动客户做出购买决策的，往往并非理性分析，而是情感共鸣。客户是否信任、喜欢并感受到被理解，决定了他们是否愿意购买。这也是销售中“喜好效应”（Liking Effect）的体现。心理学研究表明，人们更愿意从喜欢、信任的人那里购买产品，而不愿意从冷冰冰的“产品说明者”那里购买。

例如，两名销售员推荐同一门课程。

A 销售说：“我们的课程体系很完善，老师资历也很高。”

B 销售说：“我完全理解您的担忧，很多家长刚开始也有同样的顾虑。我之前服务过一位家长，他的孩子和您家情况很像，刚开始内向、不愿上台，学了一段时间后，不仅敢举手，还主动报了学校的演讲比赛。其实，很多家长最期待看到的，就是这种从害羞到自信的转变。您是不是也在等那个改变的时刻？”

显然，B 销售更易打动客户，原因在于他用故事、共情和场景化语言与客户建立了心理连接，唤起了客户内心的希望。

神经科学中的“镜像神经元”机制表明，当一个人感受到另一个人真诚的情绪时，自己体内会产生相似的情绪反应，情感可被感受甚至复制。这也解释了为何有些销售员话语不完美，却让客户觉得“他是真心的”，而有些销售员说得头头是道，却难以让客户信任。

因此，真正有感染力的销售员应具备情感表达能力，真诚地站在客户立场思考，用共情理解客户顾虑，用故事回应客户的渴望，用有温度的语言打破防备，这是“人性化连接”而非“技巧性推销”。销售靠情感靠近客户，数据和产品是工具，销售者自身才是决定客户是否买单的核心。以下是在销售过程中建立情感连接的方法。

1. 先建立关系，再谈产品

在销售中，想要赢得客户的心，首要原则不是考虑如何介绍产品，而是考虑如何建立关系。客户不是冰冷的成交对象，而是带着情绪与顾虑的人。若一开口就将其当作销售目标推销产品，往往只会激发其防备心理。

很多销售员习惯一上来就推销，如“我们的课程有××优势，价格是多少”，虽然信息直接，但容易让客户觉得销售急于成交，不关心其真实需求。尤其是对教育类产品，客户考虑的是孩子成长，而非冰冷的产品参数。

真正高明的销售者懂得“先建立关系，再谈产品”，不急于讲价格、内容，而是通过自然沟通，引导客户敞开心扉，让其感受到关注与尊重。

错误示范（直接推销）：

客户："我想了解一下课程。"

销售："好的，我们的课程分为初级、中级和高级……"

这种回答虽然听起来"专业"，但缺乏连接感。客户还没来得及表达自己的具体想法，销售员就开始介绍课程结构，很容易造成信息上的"错位"。

正确示范（先建立关系）：

客户："我想了解一下课程。"

销售："好的，您家孩子多大了？之前有没有接触过类似的培训？"

客户："9岁，以前没有学过。"

销售："哦，9岁是个特别好的阶段，这个年龄段的孩子语言能力发展非常快，而且开始有了清晰的逻辑表达意识。能否再请教一下，您最希望他在哪方面有提升？课堂表达、日常沟通还是舞台自信？"

这样的对话方式看似慢了一点，但正是这种慢，让客户感受到了被尊重、被理解。当销售员愿意花时间了解孩子的背景与父母的真实需求时，情感连接就悄然建立了，后续讲产品内容，客户也更易接受和信任。

归根结底，情感连接的第一步，是把销售开场变成一次有温度的对话，让客户觉得你是一个愿意倾听、可以信赖的沟通者，这种感觉会直接影响客户后续的决策判断。

2. 学会共情，让客户感受到你的理解

共情是情感销售的核心。客户最反感销售员无视自己的真实需求，一味推销。只有当客户感受到你的理解时，才会更愿意信任你。

在销售过程中，共情是一种有效的情感工具。尤其是在教育、培训、健康等领域，客户的决策往往不仅是基于产品本身，更是基于一种情绪判断：你到底懂不懂我？你是不是真正在为我考虑？

若能用一句话准确复述客户的困惑，或用一个案例说出他没说出口的焦虑，他就会瞬间对你产生信任。要做到共情，可参考以下方法。

（1）复述客户的需求，让对方知道你真的听懂了，如："我能理解，您是希望孩子不仅能开口说话，更重要的是能自信地表达自己，对吧？"这样的反馈不仅准确，还能传达出对客户的尊重与理解。

（2）表达同理心，通过语言给予客户情绪上的回应，如"很多家长都会有类似的担忧，您的想法其实非常有道理，孩子的表达确实会直接影响到他的自信的建立"。

例如，曾有一位家长前来咨询口才培训课程。他的孩子在学

校里一直不敢举手发言。面对这样的情况，普通销售员可能会直接回应："我们的课程能帮助孩子提升表达能力。"这句话虽然正确，但缺乏温度和针对性，客户很可能听完就礼貌地离开。

懂得共情的销售员则会这样回应："我特别理解您的担忧。孩子如果在课堂上长期不敢发言，不仅会影响成绩，更可能慢慢丧失表达自信，对吧？其实我们最近也遇到过一个有类似情况的孩子，刚来时特别安静，甚至不敢看老师的眼睛。但我们用了几次镜前练习和分组游戏，三个月后，他竟然主动报名参加学校的演讲比赛，父母都激动得不敢相信。"

这段回应带有复述、理解和真实案例，不但回应了客户的焦虑，也给客户指明了希望的方向，此时的客户已不再是"评估产品的理性顾客"，而是一个愿意信任你、渴望你帮助他实现转变的"同行者"。

共情不是一种技巧，而是一种姿态；不是说服客户的"套路"，而是理解客户的态度。表达得越真诚，越能触达客户内心的情绪脉络，信任的桥梁就越牢固。所以，在讲任何方案、进行任何报价之前，要先问自己："我真的理解他了吗？"

3. 用故事激发情感共鸣

为什么故事比数据更有效？

因为人的大脑更容易记住故事，而不是枯燥的数据。你可以告诉客户“我们有5000个成功案例”，但更能打动客户的是一个真实的、能引起共鸣的故事。

例如，在销售少儿口才课程时，面对犹豫不决的家长，你可以说：“我想起之前有位家长，她的孩子也不敢在课堂上举手发言。刚开始，她也犹豫要不要报名。但后来，她决定试一试，结果孩子学了三个月后，居然主动报名参加了学校的演讲比赛。那个家长特别感慨地跟我说，如果当初没报名，她的孩子可能还是那个害怕说话的孩子。”客户听到这个故事，很可能会联想到自己孩子的情况，从而更容易做出购买决策。

4. 让客户感受到你的“额外关心”

销售的终极目标不是成交，而是让客户发自内心地认可你，愿意主动介绍更多客户给你。客户真正关注的往往不仅是产品本身，还是销售员对他的态度与关注。产品可被比较、替代，但人与人之间传递的用心无法被复制。体现“额外的关心”关键在于如下细节。

（1）记住客户的个人信息。孩子的名字、年龄、兴趣爱好，甚至是一次小小的表现，都值得被记录和回应。客户会觉得你真的在关注他家孩子的成长，而不是在应付一个“标准客户”。

（2）在课程之外提供额外帮助。比如不定期推荐适合孩子的书籍、演讲视频，或分享一些能提升表达能力的小练习。哪怕客户未必全用上，但会感受到超出期望的“服务边界”。

（3）课程开始后主动跟进。很多销售员在客户付款后就功成身退，等客户来问才回应。但真正建立信任的方式，是你在客户没有主动提出问题时，就能主动分享反馈，让他觉得你持续在“陪跑”。

例如，一位销售在孩子报课后一周，给家长发了一条简单的信息：“上周课程结束后，我注意到您的孩子比第一节课更主动发言了，特别棒！继续加油哦！”这句话没有推销任何新内容，却让家长感动不已，不久后，这位家长便主动推荐了两个朋友前来咨询报名。

人是感性的动物，情感比逻辑更能促成购买决策。客户信任你，往往不是因为你说得动听，而是因为他觉得你是真的在为他和他的孩子着想。销售高手从不把成交当作终点，而是把信任当作起点，用共情、故事和额外关心构建连接，让客户在“被照顾”的情感中建立持久的信赖感。这种信赖不仅能促成一单交易，更能带来一连串转介绍。所以，销售是一段“我愿意再次相信你”的关系经营，始于你多做的一点点关心，成于客户感受到的那一份“你对我不一样”的真诚。

第2天 掌握销售的语言艺术

语言，堪称销售的第一生产力。语言表达方式直接影响客户是否愿意倾听、是否相信、最终是否购买。

语言是一种“结构的编排”。优秀的销售员不会“想到哪说到哪”，而是逻辑清晰、层次分明地推进，比如“抛出痛点—引发兴趣—提供方案—促成成交”的逻辑。销售语言通过这种结构力构建价值感与信任感，每段话如砖石，每句话似衔接点，搭建起客户信任的基础。

语言也是一种“关系的表达”。客户会从你的话语中感知你对他们的看法以及对这段关系的定位。若销售语言只有“我们的产品怎么好”“价格很优惠”，缺乏“咱们一起”“为你考虑”“我们共同的目标”等表述，客户很容易将你视为“单纯的推销者”。

语言的表达方式会影响他人对你的人格的感知。受人信赖的销售员靠的不是嘴皮子，而是语言背后的共情能力、思考深度与人格魅力。语言，不只是传达信息，更是传递关系。当你的说话方式让人感到被尊重、被理解、被支持时，客户便会在心里认可你。这份认可是成交之外更深层次的价值。

2.1 语言的魅力：如何用言语打动客户

语言的魅力在于说得动人，而非说得好听。你表达的方式，直接决定了客户是否愿意听，是否愿意信，是否愿意买。语速过快显得急切，过慢则显得缺乏信心，只有把握好节奏，客户才愿意倾听。语言真正的魅力在于传达我对你的态度，音调稳定、语速温和、用词得体，只有如此，客户才愿意继续交流。

优秀的销售员应是个语言造景高手，擅长用词汇制造情境，唤醒客户情绪，构建美好画面。比如介绍课程时，不能只做出“能提升孩子表达力”这种抽象的承诺，可以说“三个月后，您的孩子能在全班同学面前自信讲完一个五分钟的故事”，让客户“看到”未来画面。

在销售中，把信息变成画面，把功能变成场景，把介绍变成情绪，这就是“语言的画面力”，也是销售的感染力。以下是几种常用方法。

（1）黄金三秒原则：开头简洁有力，迅速抓住客户的注意力。如“您有没有想过，孩子未来能否在重要场合自信表达，或许才是关键？”

（2）情景再现法：用具体场景让客户“看见”产品如何改变生活，而非空谈优点。如“想象一下，当老师问谁愿意代表班级演讲时，您的孩子积极踊跃参加，在演讲比赛中落落大方地表达观点，那种骄傲，每一个家长都难以拒绝。”

（3）留白与互动：适当停顿，给客户思考的空间，增强参与感。如“您觉得AI时代，孩子的表达能力是更重要还是更不重要呢？”引导客户主动思考。

真正有魅力的语言，传递的是信任，力量源于说话者本人愿意理解客户、真诚交流、站在对方角度考虑问题。客户想感受的是你有多懂他，而非产品有多好。

2.1.1 语言的感染力

语言的感染力，并不取决于用词多高级、句式多复杂，而在于能否一句话说进客户心里，从而带动其情绪，打开其内心。

1. 真诚：让语言有温度

在销售中，很多人会陷入一个误区：为了说服对方，不停地强调产品的优点，却忽略了客户最关心的是能否信任你。

比如介绍课程时，家长对效果持怀疑态度，普通销售员可能会说：“我们的课程师资一流，教材体系科学，很多孩子学完后表达能力都有了很大提升。”这种表达逻辑清晰但缺乏情感和个性化，像标准广告语，客户很容易产生抗拒心理。更好的方式是讲述孩子的真实转变过程，选择与客户孩子年龄相仿或诉求相似的案例，通过故事让家长看到相似案例的成长轨迹。这样做能降低其防备心（客户不觉得你是在“卖东西”，而是像朋友在分享经历）、引发共鸣（家长可能想“我的孩子是不是也能这样”）、传递信任（通过实际案例让对方自己得出结论）。在商业沟通中，最有感染力的语言是让客户自己看到希望，主动迈出一步。

2. 自信：让语言有力量

在销售中，真正打动客户的往往不是说话内容，而是说话状态。自信的表达是一种无形的信任传递，感染力来自语气的坚定、节奏的从容和情绪的有效传达。

若销售员介绍课程时语气犹豫、言辞模糊，则难以建立信任；而有感染力的销售员，语言充满信念与力量，如“孩子的表达能力，真的会影响他的一生。我亲眼见过很多孩子，刚来的时候内向、不敢说话，但经过训练后，竟然能在上百人面前自信地主持一场完整的活动。那一刻，连他们的父母都感到惊讶，纷纷和我说，‘橙子老师，我们家孩子真的变了一个人’”。

这类表达具备三个关键因素：确定性，只有表达者自己足够自信，才能让客户也相信；情绪驱动，语言中的激情会直接激活听众的情感共鸣；画面感，客户能够在脑海中看到那个孩子的变化，甚至开始代入自己孩子的成长画面。

销售的本质是“让他们感受到你相信什么”，这种表达力源于长期服务客户的经验、见证客户转变后的信心累积、对产品价值的笃定。

3. 让语言的感染力成为“隐性资产”

很多人误以为销售高手成功靠的是高超的话术和技巧，但真正促成信任与成交的是内心的“道”——不需要表演的信念感、真实传递的感染力。感染力的本质是愿意站在客户角度真诚交流，并用充满信心的表达，让他们感受到可靠、专业与温度。

我们可以总结为：感染力 = 真诚 + 自信。“真诚”让语言有温度，能让客户放下戒备；“自信”让语言有力量，让客户愿意相信；“故事化的表达”是连接情感的桥梁，不会让客户觉得被推销，而是主动产生共鸣。

语言的感染力是销售中的核心竞争力，也是所有沟通场合的隐藏力量。真正有感染力的销售员，靠的是人格与经历透过语言传递的温度、深度与信任感。语言的终极魅力不是说服别人，而是点燃别人。销售员是信任系统的设计者，修炼自己的语言感染力，最终练成的不仅是表达技巧，更是人格的张力，是影响他人的生命力。

2.1.2 语言的精准性

精准的语言是沟通的“放大器”，能让信息更具穿透力，在最短的时间内吸引客户注意力，塑造清晰的心理预期。在销售领域，很多人常犯的错误是“说得多却没说到点上”。模糊的表达只会稀释影响力，精准的语言才能真正打动人心。

1. 精准语言 vs 模糊语言：哪种更有说服力

先来看一组对比：

模糊表达：“我们的课程可以提升孩子的综合素质。”

精准表达：“我们的课程会帮助孩子在三个月内学会如何在课堂上清晰表达自己的观点，掌握3～5个表达模型。”

第二种表达更有说服力的原因如下。

（1）时间明确——三个月内，客户能预见初期效果，而不是模糊的“长期提升”。

（2）场景具象——课堂上清晰表达观点，客户能想象孩子的具体变化，而不是空泛的“综合素质提升”。

（3）成果可衡量——掌握3～5个表达模型，给出了具体的学习目标，而不是模糊的“学习表达”。

精准的语言能让客户形成画面感和结果期待，让他们在脑海中提前体验孩子成长的过程，这种心理预期会大大增强客户的信任感，促使其做出购买决策。

2. 精准语言的心理学效应：让客户“脑补”确定的未来

销售心理学中有一个重要概念——未来自我想象，当客户能在你的描述中清晰看到自己（或孩子）未来的变化时，更容易产生购买冲动。

例如，作为家长，你更愿意听到哪种描述？

A：“学完课程后，孩子会更自信。”

B：“三个月后，您的孩子可以在全班同学面前自信地站起来发言，并且在家里也愿意主动表达自己的想法。”

A 的表达是抽象的，B 的表达是具象的。客户在 B 的描述中能看到孩子未来的具体变化，这就是精准语言的魅力。其背后的逻辑是：大脑更容易记住具体场景，而非抽象概念。因此，精准的语言本质是让信息可视化、可感知、可衡量，从而触发客户的购买决策。

3. 精准语言的实战应用：从“说产品”到“描结果”

精准语言的核心是让客户能“脑补”一个具体、可信、可期待的结果。以下是不同场景的应用对比。

销售场景

模糊："我们的产品很实用。"

精准："我们的产品能帮您节省30%的时间，每天多出1小时陪伴家人。"

演讲场景

模糊："沟通能力很重要。"

精准："当你能在5分钟内清晰地表达一个复杂观点，并且让听众点头认可时，你的影响力就提升了。"

教育场景

模糊："孩子回家后需要练习表达。"

精准："每天练习1分钟即兴演讲，3周后，孩子就可以完整地讲述一个自己的小故事。"

精准表达不是"告诉"客户产品有多好，而是让客户自己"看到"确定的未来，这种方式最具影响力。

4. 如何练习精准表达："三步走"策略

精准表达不是靠复杂的话术堆砌，而是通过逻辑清晰、情境具体的语言策略，将核心信息转化为客户能听懂、想听、能感受到的内容，具体步骤如下。

第一步：把抽象概念转化为具体场景。

不说"表达能力提升"，而说"孩子可以在5分钟内完整讲述一个有逻辑的故事”；不说“课程很有用”，而说“3 个月后，他能在班会上自信发言、主动表达观点”。让客户“看见”能力提升在生活中的具体体现，他们对结果会更加期待。

第二步：加入明确的时间节点和数据。

将模糊词替换为带时间感和数字感的陈述。说“很快见效”，不如说“21 天后，孩子就能完整地进行简短的演讲”；说“节省很多时间”，不如说“每天减少 30% 的时间浪费，学习效率立刻提升”。时间和数据是客户感知承诺可信度的标尺，越具体，越真实；越量化，越有说服力。

第三步：让客户在脑海中“看到”结果。

成熟的销售者不是“讲产品”，而是“描绘结果”。说“提升沟通能力”，客户不会有画面感；但说“以后开会时，你的发言会让同事们安静下来、全神贯注地听你说话”，就将“抽象能力”变成了“具象场景”。同样，“增强孩子的自信”可具体化为“他会敢于在陌生人面前表达观点，而不是低着头躲在人群后”。这种“看得见的改变”能触发客户的情感共鸣，是促成决策的关键。

5. 精准语言，让沟通有效果

语言的精准性是影响力的核心，决定了表达是否有力量、听者是否愿意听进去、是否能理解并产生共鸣。对销售者而言，精准的语言能缩短与客户的距离，与客户建立信任，让客户对产品充满期待；对教育者而言，它意味着引导的清晰度，让孩子知道要做什么、为什么做，从而树立成长信心。

在信息过载的时代，模糊表达会让你被快速掠过，精准表达则会让你被清晰地记住。你说得越清楚，越容易被信任；越能让人听懂，越容易让人行动。精准语言不只是说得漂亮，更是说得对、说得透。

2.1.3 语言的情感色彩

情感色彩是语言的温度。有温度的表达，不是刻意讨好或情绪泛滥，而是真诚可感、贴近人心的说话方式。它建立在对客户需求的共情上，也体现为你如何看待和回应对方。有研究表明，人类超过 70% 的决策行为会受到情绪的影响，而非纯靠逻辑。这意味着语言是否有温度，直接决定了对方是否愿意信任你、听从建议，甚至为产品或服务买单。

1. 为什么情感色彩如此重要

销售心理学中有一个广为引用的理论：人们用理智分析信息，但最终做决定的是情感。客户听你讲产品逻辑、课程安排时，可能会认真点头、频频称赞，但真正促使他下单的，往往是被理解、被打动、被唤起等情感因素。

比如焦虑的家长担心孩子在学校不敢举手发言，既希望有专业解决方案，更渴望对方懂自己此刻的担忧与挣扎。

若销售员说："我们的课程可以提升孩子的表达能力，让孩子在公众场合更自信。"这听上去没错，逻辑清晰、数据可靠，但家长感受不到被理解。

若销售员换种方式说："我特别能理解您的担忧，其实很多家长也有类似的焦虑。我曾服务过一个孩子，刚开始连看老师一眼都不敢。我们用了镜前训练和小组互动，三个月后，他在班会上第一次主动举手，妈妈站在教室外，眼眶都红了。其实，孩子的成长就是这样，在一次次鼓励和突破中，慢慢建立自信。"

上面这段话为什么更有力量？因为它不只是理性阐述，还融入了情感色彩的三个关键要素：共情、故事、希望。客户买单的瞬间，或许不是被专业性说服，而是被理解和温暖，被"孩子站起来的画面"触动心弦。

2. 如何在语言中注入情感色彩

销售过程不是信息传递，而是情感交流。当客户感受到理解与共鸣时，才会打开心扉，愿意听你说、信你所言。语言除了精准、有逻辑，更应该有温度、有人情味。

（1）用"共情"拉近关系，而非直接推销。共情是建立信任最迅速、有效的方式之一。客户表达疑虑或担忧时，最忌讳立刻反驳、试图“说服”。

无共情的表达：“您的担心其实没有必要，我们的课程很有效，孩子的能力肯定能提升。”（语气带有否定和压制，易引发抗拒，让客户觉得担忧未被重视）

有共情的表达：“我特别能理解您的焦虑，其实很多家长也有过类似的担心，毕竟每个孩子的成长节奏不同。但是提升表达力这件事更不能操之过急。我可以跟您分享一个之前的案例，当时那位家长也……”（不反驳，而是陪伴；不主导对话，而是共同面对问题。客户会觉得你站在他这边，自然更容易获得信任）

“我理解您”比“您不需要担心”更有力量。共情是语言中最强大的“温柔武器”。

（2）用“故事”让语言更生动，而非只讲事实。很多人习惯用“数据”“原理”“成果”打动客户，却效果平平。因为大脑不擅长记住抽象的事实，却天生热爱故事。比如想传达“课程能提升孩子的自信心”：

讲事实：“我们的课程使用了科学的训练方法，能够有效提升孩子的自信心。”（正确却无温度与力量）

讲故事：“有个孩子，刚来上课时连看着老师说话都会害羞，妈妈特别担心他在学校不敢举手发言。我们用了‘镜前训练＋小组互动’，有意识地帮他突破胆怯。三个月后，他在班会上第一次主动举手发言，讲得清晰自信，妈妈在台下感动得眼圈都红了。”（客户脑海中会浮现孩子站在班级中央、妈妈眼眶发红的画面，这正是信任建立的开始）

故事不是点缀，而是打通逻辑与情感、认知与行动的桥梁，是连接“你”和“我”的最短路径。

（3）用“正向情绪”让客户对未来充满期待。语言能传递信息，更能影响情绪。选择积极、鼓舞人心的表达，能让客户产生期待感。

负面表达：“如果不训练，孩子以后可能会越来越胆小。”（只引发焦虑，无希望）

正面表达：“其实很多孩子刚开始都会有点害羞，但只要找到合适的方法，他们完全可以变得自信和勇敢。”（传递希望，让家长更有信心）

3. 真实案例：情感色彩如何影响销售结果

曾有位家长对课程持怀疑态度，她的孩子在学校不爱发言、胆小，担心送孩子来学主持会给他太大压力。若直接说“我们的课程可以帮助孩子变得更自信”，她可能不会买账，换种方式说“我特别理解您的担忧，很多家长一开始都会犹豫，担心孩子不适应。但我遇到过一个类似的孩子，他第一节课几乎不敢开口，经过一段时间的训练后，居然主动报名在学校晨会上发言！当时他的妈妈特别惊讶，后来跟我说，这是她最骄傲的时刻之一”。听完故事，家长的眼神从犹豫变成期待，最终决定让孩子尝试课程。

语言的情感色彩决定了话语能否真正触动人心。共情让客户感到被理解，故事让客户产生情感代入，希望让客户对未来充满期待。真正有影响力的表达，既有逻辑的力量，也有情感的温度。销售不是单纯推销，真正有力量的语言，能让人产生共鸣、建立信任，最终促成行动。

2.2 倾听与理解：真正听懂客户的需求

很多人认为沟通能力强的标志是能言善辩，实际上真正优秀的沟通者往往是“听得最认真的人”。在销售、演讲、教育及职场管理中，倾听能力决定了你能否理解对方的需求。

2.2.1 为什么倾听比说话更重要

1. 销售心理学：客户想被听见

心理学中有“自我中心偏差”的概念，是指人们在沟通时更关注自己想表达的内容，而非对方的真实需求。很多销售失败的根本原因在于，客户说出了需求，销售员却急于推销，没有真正听懂对方的痛点。

案例：一位职场女性来咨询“高阶职场演讲课”

普通销售员（急于推销）：“我们的演讲课程非常专业，能够让你提升公众表达能力，学会自信表达！”

销售高手（耐心倾听）：

客户：“我想提升演讲能力……”

销售员：“是什么场合让您觉得需要提升呢？”

客户：“公司最近让我做季度总结汇报，我有点紧张，怕自己讲不好……”

销售员：“我明白您的担忧，很多职场人都会遇到类似的情况，特别是在高管面前汇报时，压力确实很大。您最担心的是什么？是表达逻辑，还是控场能力？”

客户：“我主要担心自己一紧张就会语速过快，声音发抖……”

销售员：“明白了，那我们的课程里有一部分是专门针对‘紧张管理和语速控制’的训练，您会在短时间内掌握具体的调整方法。”

在这个案例中，普通销售员只是“推销”课程，而销售高手能引导客户表达内心的真实需求，并基于具体痛点提供个性化建议。客户真正关心的不是产品多好，而是销售员能否听懂他们说出口的话和未说出口的担忧，这决定了销售员能否赢得客户信任。销售从“说清楚”开始，靠“听明白”达成。

2. 演讲与沟通艺术：最好的演讲来自最好的倾听

优秀的演讲从来都不是“一个人在讲”，而是与观众的“深度对话”和情感共振。一个成熟的演讲者，要在演讲前倾听，在演讲中感知。以TED演讲为例，脱颖而出的演讲者往往能真正理解听众。

如心理学家艾米·卡蒂的演讲《你的肢体语言塑造了你是谁》（*Your body language shapes who you are*），之所以成为全球观看量最高的TED演讲之一，是因为她精准击中职场人通过肢体语言增强内在自信的深层焦虑。她通过大量调研，倾听职场人士在演讲、会议和面试中遇到的困境，并以理解者的姿态讲出听众的心声，没有空泛的理论，只有有力的回应。

最有力量的表达，不是“我想讲什么”，而是“观众真正需要什么”。你的表达，能否回应他们心里的问题，才是演讲的价值所在。

2.2.2　积极倾听的技巧

倾听不只是“听”到对方说话，还要理解对方的真实需求。

以下技巧可以提升倾听能力。

1. 黄金三步倾听法

第一步：专注倾听，不打断。客户表达困惑时，不急于回应或推销，让对方充分表达，使其有被尊重的感觉。

第二步：用“复述”确认需求。如客户说“我觉得自己在开会时表达能力不够好”，销售员可复述“您是指在开会时有时候无法清晰表达自己的想法？”

第三步：用“挖掘式提问”找到痛点。如客户说“对，我讲的时候总觉得逻辑不够清晰”，销售员可以追问“明白了，那是因为内容组织的问题，还是您担心自己表达得不够有说服力？”

通过这三步，你能更快、更精准地理解客户的需求，提供有价值的解决方案。

2. 避免最常见的倾听误区

误区 1：假装倾听，实则等待自己开口的时机。很多销售员表面上是在听客户说话，心里却在准备话术，客户能感受到这种“敷衍式倾听”，会降低信任感。

误区 2：听字面意思，而不听真正的需求。如客户说“我觉得这个课程有点贵”，很多销售员会回应“其实我们的课程性价比很高……”更好的回应是“您是担心课程的价格，还是担心孩子学了之后没有效果？”应该找到客户的真正顾虑，给出针对性方案。

3. 眼神接触：传递关注感

在心理学上，“目光接触效应”（Eye Contact Effect）可以增加人与人之间的信任度。一个好的沟通者会用眼神给予对方安全感，让对方愿意多表达。

例如，一名家长到校区咨询孩子的演讲培训课程，家长说：“我觉得孩子的表达能力还不错，不知道要不要报课……”

普通销售员没有眼神交流，左顾右盼还要回复手机信息。家长说完话，销售员头也不抬地回答：“我们的课程能提升孩子的表达能力，建议您试试。”

高阶销售员会保持专注的眼神，微笑温和地询问家长：“孩子的表达能力不错，您是指他在家里很活跃，还是在学校公开讲话时也很自信？”家长会觉得被认真对待，更愿意表达真实想法。

4. 重复和确认：让客户觉得“你懂他”

心理学中有一种沟通技巧叫“镜像复述”，即用对方的话重新组织表达，能降低其防备心理，让其分享更多真实想法。

例如，一名职场人士在咨询“高阶职场演讲培训”，客户说：“我觉得自己在开会发言时表达能力还可以，但领导好像不太重视我的意见。”

普通销售员直接推销，可能会说：“我们的演讲课可以帮你提升表达……”客户会觉得你根本没听懂他的需求。

销售高手会用复述确认需求：“您的意思是，在表达时，您觉得自己所讲的内容没问题，但领导并没有真正被您说服？”

客户：“对！有时候，我觉得自己明明讲得很清楚，但他们好像没怎么在意。”

销售员：“明白了，您可能需要的不是基础表达，而是职场影响力训练，让您的发言更具说服力和权威性。”

客户感受到自己被理解后，会更愿意沟通，甚至直接购买课程。

5. 适时提问：引导客户说出真正的需求

很多时候，客户的真实需求“埋藏”在话语之下。一个优秀的销售员，不能只是等待客户讲出来，而是要善于通过提问，引导他们把真正的想法表达出来。

例如，客户说：“我觉得孩子的表达能力还不错，不知道需不需要报课。”这时，如果销售员立刻回应“课程可以帮助孩子提升表达能力”，虽然听上去合情合理，但容易让客户觉得“你并没有真的在听”，而且也无法引出更深入的交流。

高手的做法是，先从客户给出的线索中提出一个更具体、更聚焦的问题：“您的孩子表达能力不错，是指他在熟人面前比较活跃，还是在陌生人面前也能自信表达？”这个提问既显示出你对客户话语的认真理解，又自然地将话题引向更深层的需求分析。

当家长回答“他在家里挺活跃的，但在学校好像不太爱发言”时，你就抓住了关键点——原来孩子的问题不是“表达能力不足”，而是“在公共场合缺乏自信与实践机会”。接下来，你的产品推荐就能紧紧围绕这个真实痛点展开，客户也更容易产生认同感。

销售中的提问，不是为了应付对话，而是为了激发对方的表达欲。让客户愿意说、敢于说，并在这个过程中感受到被理解与被尊重。倾听越深，客户离产品越近。

2.2.3　理解客户的言外之意

在销售、教育、演讲乃至日常沟通中，我们常常会遇到对方表达的内容和真正想要传达的核心需求不完全一致的情况。作为优秀的沟通者，我们不仅要听“表面的意思”，更要洞察“深层的动机”。

例如，一位家长在试听课后问：“你们的课程是不是很注重表演？”我听出她的担忧，是担心孩子会失去自然表达的能力，于是回应道：“我们的课程是演和说的结合，你可以看到每个阶段的表演和表达的比例是不一样的，随着年龄的增长，孩子开始拥有逻辑思维能力，我们便会更加侧重表达，但是想要说得好，表演也是不可或缺的一种能力。我们帮助孩子找到适合自己的表达方式，不是强加表演，或者无脑表达，而是挖掘他们内在的表达潜力。”这样的回应不仅打消了她的顾虑，还让她对课程有了更清晰的认识。

我们回过头来分析这个案例，家长询问课程是否“很注重表演”，如果只是从字面理解，可能会误以为她关心课程内容的比重。但实际上，她真正的担忧可能是孩子的表达会不会变得“程式化”，失去自我；课程会不会过度强调表演，而忽略了真实表达。

在销售心理学中，有一个概念叫“隐性需求识别”，即客户表面上说出的疑问，往往不是他们最核心的关注点，他们的真实需求通常隐藏在更深层的情感、经验和期望之中。

在职场演讲培训中，这一点也尤为明显。比如，一个企业学员问：“你们的演讲课是不是很强调肢体语言？”乍一看，这像是对课程内容的疑问，但他可能真正担心的是如果手势太多，会不会显得不专业；如果用肢体表达，会不会不符合自己公司低调的文化；是不是光靠肢体语言就能提升演讲能力。

如果培训师直接回答“是的，我们会训练肢体语言”，那么这位学员可能会选择退缩。但如果回答："肢体语言只是表达的一部分，我们不会强加给任何人，而是会帮助你找到最适合自己的表达方式，让你的身体语言和言语内容形成互补，增强你的自信和说服力。"这样的回应，不仅打消了学员的顾虑，还让他对课程有了更深刻的认同感。

如何才能提高听懂言外之意的能力呢？这需要刻意练习。

1. 观察情绪和非语言信号

客户表达疑问时的语气、神态、眼神变化，往往透露了其真实的心理。比如，犹豫的语气，可能意味着不确定，需要进一步引导；重复强调某个词，说明那个点对他来说特别重要；语速变快，可能是情绪有起伏，如焦虑或兴奋。

2. 用"换位思考法"拆解问题

在听到一个问题后，不要急于作答，而是要先问自己：如果我是对方，这个问题背后的真正关心点是什么？试着站在对方的角度，寻找隐藏的动机。

3. 试探性提问，挖掘深层需求

有时候，客户也不一定能清晰地表达自己的担忧。这时，我们可以通过开放式问题来帮助他们梳理。比如："您是更希望孩子能够自然表达，还是希望他在表达的同时，拥有更丰富的表现力？”“您觉得孩子在哪些场合需要更好的表达能力？课堂上还是社交中？”

4. 结合故事和案例，让回应更具说服力

比如：“我们之前有个孩子，刚来时家长也担心他会变得‘演’过头。但学了一段时间后，她发现孩子在和人沟通时变得更加自然、灵活，能够调整语气、表情，真正做到了‘有感染力地表达’。所以，我们的目标不是‘表演’，而是帮助孩子找到最适合自己的表达方式。”

理解言外之意是沟通的高阶技巧，也是销售、教育和演讲中最关键的能力之一。它要求我们学会倾听，不仅听内容，更听情绪、语气和背后的动机；不要直接回答表面问题，而是先拆解问题，找到核心需求；用引导式提问和案例，帮助对方更清楚地理解自己的需求，并建立信任。

无论是在儿童教育、职场销售还是演讲培训中，真正的高手永远能听懂对方“没有说出的话”。

2.3 提问与引导：发现销售机会的艺术

在销售心理学中有一个概念叫“需求觉醒”，指的是很多时

候，客户并不明确知道自己需要什么，他们可能只是有一个模糊的困惑。通过提问，我们可以帮助客户将需求从模糊转变为清晰，从犹豫到决策，最终促成成交。

2.3.1　提问的三种类型及运用

在销售和教育中，提问大致可以分为开放式提问、封闭式提问和引导式提问，不同的场景适合不同的提问方式。

1. 开放式提问：挖掘真实需求

开放式问题无法用“是”或“否”回答，而是需要客户展开表达。它的主要作用是让客户主动思考，发现自己真正的需求；获取更多信息，以便后续提供更精准的建议；建立信任，让客户感受到你在倾听而不是在推销。

适用场景：当客户的需求不明确，或者你希望深入了解他们的想法时。

案例：儿童口才培训

错误示范（封闭式）：“您是想让孩子变得更自信，所以考虑报口才班吗？”客户只需回答“是”或“否”，难以展开话题。

正确示范（开放式）：“您希望孩子通过课程收获什么？”

家长会思考，并说出更具体的需求，比如“能主动发言”“讲故事更生动”“能在舞台上表现自如”。

进一步提问（深入挖掘）：“您觉得孩子现在表达的难点在哪里？是胆量问题，还是逻辑性问题？”“有没有什么场景让您特别希望孩子能表达得更好？上课回答问题还是公开演讲？”

这种方式不仅能获取更丰富的信息，还能让家长自己意识到“孩子确实需要系统的表达训练”，进而增强报名意愿。

案例：职场演讲培训

错误示范（封闭式）：“您是不是觉得自己演讲时不够自信？”客户可能会直接说“不”，然后结束对话。

正确示范（开放式）：“您觉得在公开演讲时，哪方面是您最想提升的？是逻辑性、感染力还是舞台表现？”

这样的问法会让客户主动思考自己的短板，从而引发更深入的讨论，甚至可能主动询问你的课程如何解决这些问题。

2. 封闭式提问：确认客户态度

封闭式提问是“是 / 否”型问题，或者让客户在选项中做出决定。它的作用是帮助客户做决定，推动成交。

适用场景：当客户已经有一定意向，但需要一个推动力时。

案例：企业高管的演讲培训

客户：“我也觉得演讲很重要，但不知道自己能不能学好。”

这时可以用封闭式提问来引导成交：

“您希望自己的演讲更有说服力，对吧？”（客户通常会点头）

“如果能用两个月的时间，学会在大会上自信演讲，您愿意尝试吗？”

“那我们下周二有一节体验课，您方便来参加吗？”

这种方式可以让客户一步步迈向决策，而不会陷入犹豫。

案例：家长决定报名时间

家长可能还在犹豫要不要报名，这时如果继续用开放式问题，可能会让对方思考过多，反而推迟决策。

错误示范（开放式，导致客户继续犹豫）：“您想什么时候让孩子开始学口才？”家长可能会说“再考虑一下”。

正确示范（封闭式，引导决定）：“您觉得更适合周末班还是平时晚班？”客户需要在选项中做决定，而不是继续犹豫。

这样问，家长更容易做出选择，从而提高成交率。

3. 引导式提问：塑造需求、创造销售机会

引导式提问的核心，是让客户意识到“如果不采取行动，可能会错过重要机会”。

适用场景：客户还在观望，需要额外的推动力。

案例：关于家长考虑孩子未来竞争力

家长：“我觉得孩子现在还小，学口才是不是太早了？”

如果直接回答“不早，越早越好”，可能会引起对方的防备心理，觉得你就是纯粹想要卖课程。可以换成引导式提问：“您觉得现在的孩子，哪方面的能力最重要？是考试分数，还是沟通表达？”“如果孩子将来要参加面试，或者竞选班干部，您希望他能自信表达吗？”“现在语言表达能力好的孩子，通常在学校更容易受到老师和同学的认可，您希望自己的孩子也能有这样的优势吗？”

这种提问方式不是直接推销，而是让客户自己意识到需求，从而主动做出选择。

4. 开放式提问与封闭式提问的组合运用

在实际沟通中，开放式提问和封闭式提问的结合使用，能

让销售更有逻辑性。通常的顺序是：用开放式问题挖掘需求（客户表达自己真正的想法），再用封闭式问题推动决策（客户快速做出选择）。

案例：完整的销售对话流程（儿童口才培训）

开放式提问：“您希望孩子通过课程收获什么？”“孩子在什么场景下，表达方面会让您有些担忧？”

封闭式提问：“我们有一个周末班和一个平时晚班，您觉得哪种时间更适合？”

案例：完整的销售对话流程（职场演讲培训）

开放式提问：“您在什么场合最需要提升演讲能力？”“有没有一次演讲或会议，您觉得表现不够理想？”

封闭式提问：“那您是想从结构化表达开始学，还是先提升舞台表现力？”

2.3.2 提问的策略与时机

提问的效果，一半取决于内容，一半取决于时机。不分阶段地乱用提问，反而会让客户反感。真正的沟通高手，会根据关系进展调整提问方式，让对话像流水一样自然推进。

初期建立信任时，要用轻松的开放式问题拉近与客户的距离。刚接触客户时，别急着聊需求，先从对方熟悉的话题入手。比如，对家长说“孩子平时喜欢读故事吗？”对职场人说“您平时演讲的场合多是内部会议还是对外交流？”这些问题不会给人压力，能让客户放松警惕，愿意继续聊下去。

中期挖掘需求时，要用追问来深化痛点。当客户说出模糊的需求时，比如“想让孩子胆子大一点”，不要停留在表面，而要问“您觉得孩子在什么事上显得胆子小？是上台发言还是和陌生人打招呼？”“如果一直这样，您担心对他的成长有什么影响？”这些问题能把抽象的“胆子小”转化为“需要在公开场合建立自信”的具体需求，让客户意识到“这是一个需要解决的问题”。

后期推动决策时，要用封闭式问题锁定行动。当客户表现出明显兴趣时，比如“这个课程听起来挺适合孩子”，就该用封闭式问题收尾了：“那您是想报半年班，还是先报三个月试试？”“下周一开课，需要帮您预留名额吗？”此时客户的心理防线已松动，简单的选择会让他们顺势做出决定。

最核心的原则是：让客户自己说服自己。提问时多引导对方说出“我需要”，而不是你告诉他“你需要”。比如不说“学口才能让孩子自信”，而是问“如果孩子能在班级活动中主动发言，您觉得对增强他的自信心有帮助吗？”不说“演讲好能升职”，而是问“如果您的汇报总能被领导认可，您觉得对职业发展会有什么影响？”客户在点头的瞬间，就表示认可了你的价值。

销售的本质，是一场有温度的对话。提问就是让这场对话从“各说各话”走向“同频共振”的桥梁。问对了问题，客户会觉得“你懂我”；问对了时机，成交会变成“顺理成章”。这就是提问的艺术——它不是套路，而是理解客户的诚意，是引导需求的智慧体现。

2.4 恰到好处的赞美

赞美是一种语言艺术，它不仅是沟通的润滑剂，更是影响人们情绪、决策和信任度的重要因素。在销售、演讲培训、教育咨询甚至职场沟通中，恰到好处的赞美能够拉近人与人之间的距离，让对方更愿意听取你的建议，并提升对你的信任度。但赞美必须真诚、适度、具体，否则就容易流于表面，甚至适得其反。

2.4.1 赞美的要点与场景运用

1. 赞美的真诚与适度：让对方真正感受到被欣赏

很多人会犯一个常见的沟通错误：为了制造好感而强行赞

美。但这样的赞美往往会让人觉得虚伪，甚至产生抵触情绪。真正有效的赞美，来源于观察和理解，而非刻意讨好。

要做到真诚地赞美，第一步是“观察”。如面对家长，察觉他们对孩子的骄傲和付出并回应，比单纯称赞孩子聪明更有效。例如：“您刚刚提到孩子做事情很有条理，听得出来，您在家庭教育中很注重方法，这真的很了不起。”也就是说，在职场沟通中，赞美要“对位”。若职场客户自信于专业能力，但担心表达欠佳，忌泛泛夸赞，可以说：“你对行业的理解真的很深入，如果语言表达再有一点故事化的节奏感，那你的演讲会更具吸引力。”

适度也很关键。夸奖过了，容易变成压力或者防备，如“您家孩子肯定是个天才！”这类话听起来就像是浮夸的套话。“从他刚才的表达来看，他思路很清晰，而且很敢讲，这是很多同龄孩子还不具备的特点”，这样的表达更接地气，也更容易赢得认可。

真诚的赞美源于观察，适度夸奖基于事实，赞美是传递尊重和欣赏的方式。

2. 赞美的方式与场景选择：在对的时间说对的话

有效的赞美不仅在于内容，更在于时机和方式，是一种“场景感知”的能力。

首先，不同沟通阶段的赞美方式应该有所区别。第一次见面时，赞美宜“轻、浅、真”，如赞美客户的谈吐、亲和力、思维逻辑等。例如：“和您聊天感觉特别顺畅，您思路真清晰，可能和您平时工作中需要高效沟通也有关系吧？”进入深度沟通后，赞美可以更具体，贴近客户的价值观或目标。如家长反复比较课程犹豫不决时，可以说：“其实从您这么认真对比课程内容，就能看出您是非常有规划、愿意为孩子负责的家长。有您这样的家长，孩子一定会有很好的成长。”

其次，还要懂得“赞美不只对客户本人”，还可以针对客户最在意的人。在教育类销售中，赞美孩子表现能触碰家长情感区，家长会将其优点归因于自己的教育方式，从而产生信任感。职场客户在意“能力被看见”，他们更看重你是否从专业角度、行业视角出发，识别并赞美他们的“可迁移优势”。例如：“你在汇报时对数据的分析非常有条理，听得出来你平时就很注重逻辑训练。”

赞美的效力取决于是否站在对方视角，看见其在意的东西。对的场景说对的话，才能让赞美成为促进沟通的桥梁。

2.4.2 赞美与销售的结合

1. 贴合家长内心感受，赢得其信任

在销售场景中，家长类客户在意的是你是否真正看到“我的孩子”。贴合他们内心感受的赞美，能让关系天平向你倾斜。

例如，有一位家长对孩子的表达能力有很高的期待，同时也非常焦虑，担心孩子在舞台上容易紧张，表现不佳。这个时候，如果销售员一上来就直接介绍产品，说“我们的课程能帮助孩子变得更自信”，听起来固然没错，但很容易让人觉得套路化，缺乏信服力。

如果换一种方式，从赞美孩子的潜力入手，顺势过渡到专业建议，效果则会大不相同：“从您刚刚分享的情况来看，孩子其实具备非常好的语言节奏感，而且思维也很灵活，我觉得他是个很有潜力的小主持人。像这样有天赋的孩子，后期只需要一些系统的引导，再多给他一些舞台机会去锻炼，很快就能自信地站在舞台中央。”

这段话的高明之处在于，先用具体表现来肯定孩子，让家长觉得你“看见了孩子”；再用“只需要一些系统的引导”来减轻家长的心理焦虑，传递“问题并不严重”的积极信号。然后，顺势引出专业训练的重要性，让家长从“你说得对”自然过渡到“那我该做什么”，进而产生主动咨询课程的欲望。

最终，这位家长不仅报名，还推荐朋友来了解课程。这就是因为他因“被理解”而心生信任。

2. 赞美 + 专业建议，让客户更愿意接受你的意见。

例如，一位职场人士来咨询演讲课程，他的表达能力不算差，但缺乏感染力。如果你直接指出他的不足，可能会让他自尊心受挫，产生抵触情绪。如果你先从他的优势入手，再引导至他的改进点，就能让他更容易接受建议：

“你的专业知识很扎实，表达逻辑也很好，所以你的演讲很有说服力。现在唯一可以提升的，就是让表达更具感染力，这样不仅能让观众理解，还能真正打动他们。”

这样说，客户会感觉你看到了他的优点，提供的改进点是锦上添花，建议是可实现的。结果，这位客户很快就决定报名课程。

3. 在日常沟通中练习“恰到好处的赞美”

练习观察力：每次与客户、家长、学员交流时，留意对方真正关心的点，不要泛泛而谈。

让赞美更具体：避免说“你真棒”，而是说“你的表达很流畅，尤其是与你的眼神交流，让人感觉很自信”。

结合对方的需求：让赞美不仅仅是夸奖，而是成为推动对方行动的力量。

真正有力量的赞美，不是刻意讨好，而是精准捕捉对方的优点，并结合对方的需求，让他们对自己更有信心，同时对你的建议更加信任。掌握“恰到好处的赞美”，你就掌握了影响人心的艺术。

第3天

销售目标、规划与执行

销售高手的目标管理，能让一切努力都有方向。销售成功并非运气使然，而是目标、策略与执行的紧密结合。在带领团队开拓市场的过程中，我见过许多人凭一腔热血冲锋却铩羽而归，也见过一些人天赋平平却因懂得目标管理和执行策略，稳扎稳打成为销售高手。

销售需要全力以赴，每一分努力都应该有明确的方向，而不是漫无目的地碰运气。

3.1 设定明确的销售目标

目标管理是销售的基本功。我常跟我的团队讲:“没有目标，就像在黑夜里开车，没有方向，速度再快也到不了终点。”设定目标不是随便喊个口号，比如“我们要提升业绩”“我们要增加招生量”，这些都没有任何意义，真正有用的目标必须符合SMART 目标法则。

3.1.1 SMART 目标法则详解

SMART 目标法则是由管理学家 George T. Doran 提出的，它要求目标具备五个特征：Specific、Measurable、Achievable、Relevant、Time-bound，即具体、可衡量、可实现、相关性和时限性。用 SMART 目标法则来分解我们的目标，具体如下：

S：目标要清晰，而不是模糊的“多赚点钱”“提升转化率”。

M：一定要能用数字衡量，比如“提升 20%”而不是“多一点”。

A：目标不能太离谱，比如“今年业绩翻十倍”，这种就不现实。

R：目标要符合业务现状，而不是拍脑袋随便定一个。

T：所有目标都必须有时间限制，否则就只是“计划”。

有一年，我们的招生增长遇到了瓶颈，大家都在说“我们要想办法提高业绩”，但怎么提高？靠什么手段？没有人有清晰的答案。

于是，我带着团队重新拆解目标：

◇ 具体（S）：这个季度，我们要让报名人数增长 20%，而不是“尽可能多”。

◇ 可衡量（M）：20% 的增长意味着新增 90 名学员，每月 30 个，每周 8 个。

◇ 可实现（A）：过去一个季度，我们的增长是15%，提升到20%是合理的，而不是盲目喊50%。

◇ 相关性（R）：这个目标和业绩直接相关，而不是“多做点宣传”这种无关痛痒的想法。

◇ 时限性（T）：三个月内完成，不能拖到年底。

有了明确的目标，我们开始拆解执行细节。

试听课转化：目标是20个试听转8个报名，那么试听课程的内容必须优化，销售流程必须标准化，针对每个试听家长的疑虑，必须提前准备应对话术。

家长转介绍：过去老学员介绍新学员的比例是30%，如果我们优化介绍奖励，能否提升到40%呢？

线上投流：我们投放大众点评，过去100个预约带来20个试听，要达到目标，我们至少要获取400个预约，那么投流预算需要调整多少？

教务跟进：对每个试听后的家长，必须24小时内跟进两次，否则热度下降，转化率大打折扣。

三个月后，我们不仅完成了目标，还超额完成了25%。你看，增长不是靠运气，而是靠目标拆解和精准执行。

作为老板，我是如何管理销售团队的目标的？我最关注的不是“某个员工这周有没有努力”，而是团队的整体目标是否清晰，策略是否落地，执行是否有反馈机制。许多销售团队存在管理误区，如每天喊口号却不拆解目标，每周复盘业绩却不调整策略，导致业绩不稳定，签单靠运气。

例如，有一次培训，一个在线教育销售团队负责人说："我们今年的目标是业绩翻一倍。"经询问得知，目前月销售额为500万元，即一年后要达1000万元，客单价8000元，一年需成交1250个客户，而去年仅成交800个。

这时，问题就变得清晰了，要从800个客户增长到1250个，而不是空喊业绩翻倍。

接下来将进行进一步拆解：

客单价：过去是8000元，如果调整产品结构，能不能提升到1万元？如果能，那客户只需要1000个，而不是1250个。

客户转化率：过去的咨询转化率是30%，如果提升到40%，那么同样的客户来源，可以成交更多单。

流量端：过去的流量来源是老客户推荐+社群营销，如果增加短视频投放和直播销售，能否带来增量？

当我们把目标拆解后，团队执行力就变强了，最终这个企业不仅业绩翻了一倍，还提前完成了目标。

3.1.2 目标分解与追踪

很多销售人员经常掉进的陷阱，不是缺乏目标，而是目标设定后逐渐模糊，被日常琐碎的事情和情绪消耗。目标"不是贴在墙上的口号，而是每天写在工作本子上的行动清单”，需要脚踏实地执行。

在我创业的第一年，这种“目标失焦”的教训格外深刻。那时我什么都不懂，只是凭着一腔热血下定决心要把机构做起来。激情虽然重要，但账面上的数字不会为梦想让步。当我看到运营成本在上涨、客户增长却停滞不前的时候，才意识到仅有理想远远不够。于是，我为团队设下一个最基础、最朴素的目标——每周让 10 位家长带孩子来试听课。这个目标听起来很实在，但落地执行却困难重重。有的同事一天打了几十通电话却一个都没约上；有的同事约来家长试听了，但孩子的状态不佳，试听效果不好，客户犹豫不决；还有人因为几次失败就开始自我怀疑，情绪崩溃，甚至质问：“是不是我们不适合做这个？”

那段时间，我深刻意识到：目标如果只是喊出来的口号，不仅不会带来动力，反而会制造焦虑和迷茫。要想让目标真正落地，必须做三件事——拆解、盯紧、追踪。我们开始尝试将每月的整体目标细化，比如将“月度目标 40 位有效试听客户”分解成“每周 10 位”，再进一步拆成“每天 2~3 个有效意向”，然后再对比每位员工的电话量、跟进效率、反馈记录。我们还设定了每日复盘机制，每晚 10 分钟的“微会议”，不谈空话，只复盘具体一句话：“今天哪一句话最打动客户？哪一个环节最容易被挂电话？为什么？”当每一个销售动作都有了反馈机制时，目标就不再虚浮，而是变成了可以追踪、可以修正的现实路径。

我常把这种过程比喻为“爬山”：目标像是一座山，你若只看山顶，会因遥远而失去信心；但如果你能将它拆成一个个可以丈量的台阶，每一步都有数字标记、有情绪反馈、有阶段成果，那你就不会轻易放弃。更重要的是，这种“切片式”的追踪方式不仅提高了执行效率，也提升了团队的信心。每一次小的突破，都会带来成就感，而这种成就感，就是持续行动的内在动力。

销售目标如果没有被分解，它只是一个模糊的梦想；但一旦分解到可以量化、追踪、调整的行为层，它就变成了真正的任务，是可以完成的，是可以复盘的，是可以激励团队持续行动的“增长引擎”。所以，想做好销售，不只是要会设定目标，更重要的是，要学会把目标拆成今天可以完成的“一小步”，并在每一次完成之后，坚定地迈向“那一大步”。

3.2 制定个人销售策略并有效执行

3.2.1 市场分析与定位

无论是教育行业还是快消品领域，市场分析都是制定销售策略的起点。刚开始创业时，我观察到市场上充斥着“标准化”

的教育模式，很多家长抱怨孩子的个性化需求得不到满足。于是，我把“因材施教”和“表达力培养”作为品牌定位，并将其体现在每一个课程设计与推广环节。这种差异化的定位，让我们迅速赢得了家长的青睐。

3.2.2 销售策略的制定

做销售，其实和做人一样，最怕的就是没有辨识度。一味地跟着别人走，最后只会在市场里被稀释掉。所以，销售策略的制定，永远不能只是跟风模仿，而是要从“了解自己”和“理解客户”开始。

我还记得刚开始创业的时候，市场上到处都是“模板式”的口才培训课，标准流程、标准教材，甚至老师说的话都差不多，教来教去都是老掉牙的内容。那时候，很多家长找我聊天，说他们不在乎孩子回答的是不是标准答案，回答得有多漂亮，他们更希望孩子敢表达、爱表达，能在舞台上自信地表达自己的想法。听到这些，我开始意识到我的差异化机会就在这里。

我们慢慢地把“有思想的表达力”和“个性化成长”定为核心方向，不是喊口号，而是把这个理念写进了每一节课里。从孩子入校那天起，我们就帮他设计属于自己的表达路径，每一次演讲、每一次录播，甚至每一段反馈，都是围绕他自己的进步节奏进行的。

这个过程也不是一帆风顺的。一开始，有些团队成员担心这样做太费劲，标准化流程复制快、见效快。但我要坚持下来，因为我知道，一套能真正打动人心的销售策略，背后一定是对人性深度的理解，而不是靠“快”和“硬推”堆出来的。

最终，这套策略为我们赢得了不少口碑。客户不是被说服的，而是发自内心认可你，信任你。当一个家长看到自己的孩子在舞台上发光时，他自然会把你推荐给更多人。

所以说，销售策略的制定，说到底是一种“有温度的设计”——**你必须真诚地看见客户的渴望，然后用专业去回应。**这没有什么捷径，靠的是理解、洞察和持续优化。

3.2.3 执行与监控

很多时候，我们会觉得销售策略制定好了，下一步就水到渠成了，可现实不是这样。真正能把销售做出成绩的，不是那个想得最多的人，而是那个做得最稳、盯得最紧、复盘最勤的人。

一套策略再精妙，如果不能被有效执行，就像一张设计得漂亮的蓝图，永远只是挂在墙上的一幅画，看着挺好，落地为零。

销售不是靠空喊口号，更不是靠开一次动员大会就能见效的。我们常说要把“理念变成动作”，那第一步就是要把大的销售目标拆解成清晰、具体、每天都能看得见的行动任务。

比如你说希望本季度业绩增长20%，这个20%该怎么实现？是靠转介绍客户多了，是试课转化率提高了，还是现有客户续费周期拉长了？你得先搞清楚增长的“源头”，再设定关键指标。

我们团队每次制定策略，都会把目标往下拆五层，将年目标拆成季度目标，将季度目标拆成月目标，将月目标再细分为周目标、日目标。每个销售顾问手上拿到的不是一张“今年目标300万元”的大饼，而是“这周要联系15个潜在客户，争取完成3次试听转化”的行动清单。

为什么要这样做？因为销售是一个“行为驱动结果”的职业，只有动作有节奏，结果才有保障。

监控机制也不是为了抓人，而是为了帮团队找到节奏。我特别不喜欢“监控”这个词给人的压迫感。但在销售管理中，它其实不是“盯着谁没完成”，而是“看清问题在哪里，以便及时调整节奏”。

我曾经在一家咨询项目中帮一个教育品牌梳理销售流程，他们也有明确的目标和执行动作，但每月的数据却让人大失所望。后来，我们一起复盘才发现，他们没有建立一个及时反馈的机制。数据到了月底才看，早就错过了纠偏的最佳时机。

从那之后，我们要求每位销售顾问每天记录关键动作：今天联系了几个客户，打了几个电话，客户的反馈如何，有没有遇到困难。然后每周进行一次“晨会汇总”，团队一起看数据、讨论问题、彼此鼓劲。这种透明的反馈机制，让每个人的执行都变得更有节奏感，也更有方向。

记住，监控不是为了抓错误，而是为了及时看到趋势、判断方向。好的监控机制，本质上是一个“集体智慧发酵系统”。

说到执行，不能不谈情绪。因为销售不是机器干活，销售员是有情绪、有状态的。如果他们长期处于焦虑、压抑甚至怀疑自己的状态，执行力一定会出问题。

有一次我们做年末冲刺，团队压力很大，有人开始失眠，有人开始对客户过度使用话术，甚至有人萌生了离职的想法，我没有立刻催大家完成任务指标，而是停下脚步，组织了一次“销售情绪沙龙”，让每个人分享自己最近的状态、压力和收获。

在这个过程中，有人哭了，有人笑了，但最重要的是，大家放松了，彼此之间的距离也拉近了。会后，我们重新调整了节奏，把目标按“早冲晚稳”的方式重新分布。结果反而在最后十天，超额完成了原定任务。

这件事让我明白了一点：销售团队的执行力不是靠压出来的，是靠信任撑起来的。一个好的执行节奏，一定是“理性计划＋情绪呵护”双轮驱动。

任何销售计划都有不可控因素。市场变化了、客户的心态变了、竞争对手突然发力了……这些都会影响你的执行计划。所以我们一直强调，销售策略不是一成不变的教条，而是一种“可以实时调整的方向感”。

就像开车一样，你设定了去某个目的地的路线，结果路上有施工，难道就不走了吗？当然不是。你会换一条道，绕个弯，但终点不变。执行也是如此，我们设定每周的数据回顾，就是为了让自己在“半路”时就发现偏差，而不是等到年底再来“总结问题”。

我们有一种很实用的执行习惯叫“三问”制度：这周哪些动作有效？哪些动作无效？下周该怎么优化？

别小看这三问，坚持一年，你会发现销售的很多“灵感”其实就藏在这一次次执行和复盘的循环里。

最后我想说，销售不是看谁嘴皮子快，也不是看谁想法多，而是看谁肯一件事一件事地干。执行力强的人，不是“每件事都做得很完美”，而是“哪怕状态不好，也坚持把重要的事做完”。

3.3 客户关系管理的艺术与科学

在销售行业沉淀得越久，你就越会明白：真正优秀的销售员靠的从来不是一次性的成交，而是一次次信任的积累。客户关系，本质上是一门人与人之间相处的学问，它既是一门艺术，也是一门科学。

我常常对团队成员说:“客户不是你今天要‘搞定’的对象，而是你未来可以一起成长的人。”

3.3.1 客户细分与定位

很多销售员在面对客户时，总是急于推产品、讲优惠、促成交。这种“短线操作”方式，我曾经也使用过，甚至一度以为这就是高效率。直到有一天，我收到一位客户的反馈，她说:“你别再发这些了，你根本不知道我在想什么。”这句话像一记当头棒喝，让我开始意识到，销售的关键不在于话术，而在于理解。你必须先理解客户的立场、感受与顾虑，才能被他们真正听见、接纳和信任。

销售是一门认人的学问。你不能指望用一套话术、一个流程、一次讲解，试图去打动所有客户。客户千人千面，每个人的动机、顾虑、节奏都不一样。真正高水平的销售人员，往往不是比别人说得更多，而是比别人看得更准、分得更细。

我常说:“你要像医生一样看客户，而不是像推销员一样推产品。”医生看病前，都会先问诊、摸脉、化验，然后才对症下药。销售也一样，要先理解客户的类型，再给出合适的沟通方式。我们团队将客户分为三类：主动型、犹豫型、潜在型。

1. 主动型客户

主动型客户就是那些已经对课程、服务感兴趣，甚至带着明确目的上门的客户。他们可能在你做品牌推广时早就关注了你，也可能是被朋友推荐来的。他们上门，不是为了“了解一下”，而是来看你的产品“值不值得买”。他们不是来听你介绍课程内容的，而是要判断你是否专业、是否真实、是否值得信赖。

对这类客户来说，最重要的不是你讲得多动听，而是能不能快速建立信任。他们要看到细节、看到专业、看到你的认真。

例如，有一次来了一位家长，一进门就说：“我在小红书上看了你们的课程介绍，蛮感兴趣的，但我还没决定是否购买。”我没有滔滔不绝地介绍，而是先问她：“您最担心的点是什么？”她说怕孩子坚持不下去、怕浪费钱。我点了点头，然后带她看了一段孩子上课的视频，展示我们每个阶段的学习规划，还给她看了我们另一个类似学员的成长案例。不到半小时，她就签了全年的课程，还多报了一个集训营。

主动型客户不是在等你“打动”，他们是在等你“证明”。这时候，语言的分量感、细节的专业感、逻辑的可信度比热情的讲解更重要。

2. 犹豫型客户

犹豫型客户是销售中最常见，也是最容易被误解的一类。

很多销售新手在面对这类客户时，会误以为对方是在拖延、没诚意、没兴趣。但其实，他们并不是不感兴趣，而是心里还有很多问号没有被解开，他们对课程是否真的适合孩子有疑虑，对能否达到目标效果没把握，甚至对你这个人还没有建立起足够的信任。

我们在实际接待中发现，处理犹豫型客户最有效的方式是遵循两个原则：第一，讲故事比讲数据更能打动人心；第二，真实体验比空洞的承诺更有说服力。

我记得曾有一位妈妈，试听完课程后一直没有明确表态。我们没有急着催促她，而是轻声说："××妈妈，其实我能理解您现在的犹豫，如果我是您，我也一定会慎重。"随后，我们发给她一段我们往期学员从"害羞内向"到"自信表达"的成长纪录片，并安排了一个让孩子单独试讲的环节，让她亲眼看到孩子在镜头前的一点点转变。

一个星期后，她回来说："之前我也试听了别家的课程，但他们都在跟我讲课程安排和价格，你们是唯一一家让我看见'有变化可能'的机构。"她最终不仅报名了课程，还介绍了身边两位家长过来咨询。

所以，犹豫型客户不是不能成交，他们只是需要一个被理解、一个能够消除心理问号的过程。

3. 潜在型客户

潜在型客户常常被销售员忽略，他们可能只是来看看、听听，表面冷静、反应平平，看不出明显意向。但别小看他们，很多潜在型客户会在三个月后、半年后，甚至一年后回头来找你。

经营这类客户的关键，不在于你说什么，而在于留住关系。我们团队会为每一位接触过的客户建立一个“温度表”，记录他们的关注点、孩子的特点、家庭的节奏。每隔一段时间，给他们发一些定制化的内容，做到不打扰但持续“在场”。比如节假日发去一句祝福；新课程上线时，推送一条与孩子年龄成长相关的温馨提醒；看到他们在朋友圈晒孩子的朗诵比赛，顺手点个赞，并真诚留言一句“太棒了！看得出来孩子越来越自信了”。

很多成交并非发生在你第一次介绍时，而是在你默默守候之后。有一位家长从第一次接触到正式报名，整整一年。我们从未催过她，但每个月都保持一点轻柔的联系。最后她来签约时说：“你们是唯一一个没给我压力，却让我始终记得的品牌。”所以说，对潜在型客户的经营，不是一场快节奏的短跑冲刺，而是一场需要耐力、细腻和信任的马拉松。

客户细分不是为了给人贴标签，而是为了更用心地理解不同人的需求和节奏。销售不是技巧的比拼，而是洞察力的积累。真正的高手不是会说话的人，而是能看懂人的人，他们知道什么时候该讲，什么时候该等，什么时候该推动，什么时候该陪伴。所以说，客户不是你要赢的对象，而是你要读懂的朋友。懂得了这一点，你就离成为销售高手不远了。

3.3.2 客户关系建立与维护

我刚入行做销售那会儿，以为客户签了单就万事大吉了，后面的事儿自然会有人接手。直到后来创业做校区，才明白“第一次成交靠口才，第二次成交靠信任”。客户不是机器，他是活生生的人，人心需要经营，关系也需要维护。

客户关系的建立，其实从第一个眼神开始，就已经悄悄启动了。那是一种感觉，客户能感受到你是否在用心倾听、说话时是否真正站在他的角度考虑、是否发自内心地想帮他解决问题。

我有一个家长客户，第一次带孩子来试听时话不多，但神情特别专注。我没有急着推销课程，而是多花了一些时间跟她聊孩子的性格、兴趣，甚至还记下了孩子很容易过敏的小细节。后面再沟通的时候，我顺口提了一句:“他最近过敏比去年好些了吗？”这句话一出，家长眼睛都亮了。她说:“你是真的在关心孩子。”后来不仅顺利成交，这位妈妈还成了我们的“自来水”，转介绍了三个家庭。

维护关系的关键在于真诚和持续。你不能指望靠一次热情服务就维持一辈子的信任。每一次节日的问候、每一次孩子点滴进步的反馈，甚至每一次遇到问题后的“主动出现”，都会让客户感到你不仅仅是一个卖课程的人，更是一个值得信赖的朋友。

我常跟我的团队说："销售结束不代表服务结束，而是关系经营的开始。"你多花一分钟去了解客户，就可能多赢得一份长久的信任。我们团队后来形成了一种制度：每一位客户，无论是否成交，至少保持一个月一次的沟通频率。沟通内容不一定和产品有关，可以是一次教育资讯分享、一条成长建议，也可以是一句节日祝福。这些看似与销售无关的动作，往往会在客户真正需要的时候，成为他们首先想到我们的理由。

从科学角度看，这种客户生命周期管理有数据逻辑支撑。每一次互动都在增加"情感账户"的存款，而每一次无回应的推销，其实都是在消耗账户中的信用。

3.3.3 客户忠诚度培养

当客户愿意把他身边的朋友介绍给你，愿意在朋友圈分享孩子的成长，甚至在你还没开口时主动帮你说话，那说明你已经从"一个服务者"变成了"一个可信赖的人"。这背后体现的是客户忠诚度。

客户忠诚的建立，不是靠价格优惠，不是靠活动噱头，而是靠一段段真实的情感连接和一次次稳定的体验积累。简单来说，他们愿意回头，是因为你给了他们"值得回来"的理由。

我曾遇到一位老客户，孩子在我们这里学了两年，后来说考虑转学去尝试别的机构。我们没有强留，只是耐心地听了她的想法，还给她一些选择机构时需要注意的建议。一个月后，她主动回来，说："试过别的，才发现你们才是真正懂孩子、真正在意孩子成长的。"这句话对我触动很大。忠诚不是强求来的，是你足够真诚，客户才不会离开。

要培养客户的忠诚度，有以下几个实用的建议。

（1）保持一致的服务体验：今天你热情，明天你冷淡，这种反差会让客户对你失去信任。稳定的品质是忠诚的基础。

（2）提供情绪价值：别小看一句关心、一次点赞或者一个小小的鼓励。情绪价值是维系客户与你的关系的源泉。

（3）让客户的参与感增强：比如我会定期邀请家长参与孩子的展示活动、拍摄成长记录视频，甚至请他们分享教育心得。这种参与感一旦建立，他们会把自己看成团队的一员，自然不舍得离开。

（4）建立荣誉感机制：我们还设置了"家长影响力榜单""口碑传播奖"这类机制，让客户因为帮助传播而获得认可和成就感。这也是一种深度连接的方式。

说到底，忠诚不是数据，而是一种情感认同；不是靠说服，而是靠共鸣得到的。客户愿意留下来，是因为他们感受到了被理解和被在意。通过这些附加服务，家长不仅感受到了品牌的专业性，还感受到你对孩子成长的真心关注。

第4天

好莱坞故事线成交法则

故事，是人类最古老、最有效的沟通方式之一。从原始人围着篝火讲猎熊的惊险经历，到今天我们因一部电影、一本小说而泪流满面，无论形式如何变化，其本质始终相通：人类通过故事建立连接，传递意义，激发情绪，形成共鸣。

在销售领域，逻辑或许能让人点头认同，但唯有故事才能让人不仅点头，而且触动内心。我们常说“理性分析，情感决策”，客户真正的购买动机，往往并非产品本身功能有多强大，而是他们在你的讲述中看到了自己的焦虑、希望或梦想。

比如，你告诉客户：“我们的课程可以提升孩子的表达力，效果非常显著。”这在逻辑上没有问题，但听起来就像一份标准的产品说明书，缺乏温度，也难以引发想象。然而，如果你换一种方式说：“我们之前有一个孩子，第一节课连自我介绍都讲不完整，三个月后却主动申请担任学校广播站的广播员。他爸妈简直不敢相信这是同一个孩子。”这句话瞬间激活了画面、唤起了情感，让客户自然联想到自己的孩子：“如果我家孩子也能这样，那就太好了！”

你不是在推销产品，而是在描绘客户想要成为的样子，这便是故事的力量。

很多人误以为会讲故事是一种天赋，实际上，它更像是一种结构化表达的能力。你说的是故事，还是零散的经历？你的讲述能打动人，是因为故事内容让客户产生了共鸣，还是背后的结构让人入戏？这些是决定故事成交力的关键。

在销售中，那些真正能推动客户情绪转变的故事，绝不是随口一说的“案例回忆”，而是经过精心设计、反复打磨、有效验证的心理“钩子”。你要讲的不只是“发生了什么”，更要勾勒出一个客户愿意相信甚至渴望亲身经历的未来场景。

掌握讲故事的结构方法，就如同拿到一把打开客户内心、唤起想象力和购买冲动的钥匙。你不再只是一个讲课的人，而是一个用故事打开信任大门的沟通者。

那么，我们究竟该如何讲好一个既能打动人，又能推动成交的故事呢？答案其实就藏在无数好莱坞电影的剧本结构里。接下来，我们就来拆解这一套能够改变销售命运的“好莱坞故事线成交法则”。

4.1 学会讲好故事

著名导演阿尔弗雷德·希区柯克曾经说过一句意味深长的

话："好的故事就像人生，只是去掉了所有无聊的部分。"这句话听起来轻描淡写，却精准地点出了故事的本质——精练、紧凑、有张力。现实生活中充满了琐碎、重复和平淡，但一个好故事，必须剔除这些冗余，只留下最戏剧化、最关键的节点，让听众全程沉浸，不愿错过任何一个细节。

要想讲好这样的故事，就必须学习好莱坞的叙事法则。"好莱坞故事"之所以能牢牢抓住人心，不是因为它们有多么精致的特效，而是因为遵循了一套极其成熟、结构严密的叙事逻辑。这种逻辑能够在短时间内构建情绪、制造冲突、引发代入感，最终让观众产生身临其境的感觉。在经典叙事模型中，最具代表性的就是"三幕剧结构"（Three-Act Structure）与"英雄旅程"（Hero's Journey）。

4.1.1 三幕剧结构

三幕剧结构，不仅适用于电影剧本，也完全适用于销售和演讲中的故事表达。

第一幕：设定（Set up）——牢牢抓住观众

好的故事，从来不会"慢慢来"，它要用最快的速度激发好奇心、建立情绪连接，让观众在最短时间内沉浸其中。就像一场成功的演讲，最关键的永远是开头的前30秒。如果在这30秒之内无法抓住听众的注意力，那么后续再多的信息和内容都可能被忽略或过滤。

举个例子，《泰坦尼克号》就是一部在“设定”阶段极具代表性的影片。它没有从头开始讲解这艘巨轮的历史，也没有介绍船长的履历或乘客名单，而是用一幅深藏海底的裸女画像，勾勒出一个未知而神秘的故事开端。紧接着，主角杰克赢得了船票，踏上了命运的旅程。当他站在甲板上喊出那句“I'm the king of the world!”时，观众已经完全进入状态，不再只是看电影，而是跟着走。

这一节点在剧作结构中被称为“激励事件”（Inciting Incident），是主人公命运发生转折的瞬间，也是观众情绪被彻底激活的起点。如果电影一开始只是反复呈现港口装货的情景，或者将镜头对准船员们的寒暄闲聊，大部分人恐怕早就失去耐心、退出观影了。

这个结构性的启示，同样适用于销售与演讲场景。许多人一上台就开始长篇大论地讲背景、谈资历、列数据，结果越讲越冷场。真正高明的演讲者，会在第一句话就抛出一个震撼人心的事实、一个令人深思的问题或者一个有代入感的真实事件。他们知道，观众不是来听“说明书”的，观众需要被触动。

销售也是如此。如果你是一位保险顾问，与其从条款细节讲起，不如直接引入一个真实而具有警示意义的案例：“你知道吗？有 80% 的家庭，直到遇到重大意外才发现自己根本没有足够的保障。”这类语言不是“吓唬”，而是让客户产生代入与预警，从而愿意继续听你讲下去。只有先抓住客户的情绪，才能开始讲逻辑；只有激活对话，才有可能完成成交。

第二幕：对抗（Confrontation）——冲突是故事的灵魂

如果一个故事顺风顺水、毫无波澜，就像一潭死水，平静得让人昏昏欲睡。真正能吸引人、打动人的故事，其背后几乎都隐藏着巨大的冲突与挣扎。在好莱坞的“三幕剧结构”中，“第二幕”正是情节张力最饱满的部分，也是主人公面对重大阻力、命运发生反转的关键阶段。

以《泰坦尼克号》为例，第一幕中，杰克和露丝邂逅于甲板，爱情的火花悄然点燃。但很快，他们的甜蜜便遭遇了重重现实阻力：露丝的母亲极力反对，未婚夫咄咄逼人，阶级与身份差异如一道不可逾越的鸿沟横亘在两人之间。观众的情绪被不断拉扯，他们忍不住想问：他们能否冲破束缚？能否为爱逃离体制？就在两人奋力挣扎之际，泰坦尼克号撞上了冰山，危机全面爆发，爱情、家庭、生死、自由等所有冲突在这一刻集体引爆，观众也彻底被裹挟进故事的情绪洪流之中。

这种“矛盾累积+情绪推动”的结构并非电影专属，它同样适用于演讲、销售、教育，甚至日常沟通等。你有没有发现，那些真正引发共鸣的表达，往往不是在展示成功的高光时刻，而是在讲述低谷时的挣扎与选择。讲创业经历时，“我连续三个月发不出工资，只能靠泡面撑着”远比“我轻松创业、顺利成功”更能激发听众的情感，因为在“对抗”中，听众看见了曾经的自己。

销售更是如此。要想打动客户、促成成交，不能只说“我们的产品有多好”，而是要让客户意识到“我为什么需要改变”。推销英语课程时，与其说“这门课能提升口语能力”，不如先让客户代入一个真实的问题场景：

“你有没有在外企面试时，因为表达不清而错失机会？”

“有没有在旅行中，想和老外聊天却只能比手划脚？”

“有没有一个瞬间，你明明有话要说，却因为说不出来而感到沮丧无力？”

这种表达方式并不是“制造焦虑”，而是帮助客户看见并承认自己内心真实的痛点。只有当客户开始直面问题、感受到现实困境时，才会真正生出解决问题的渴望。你的角色，正是在情绪被点燃的那一刻，精准地递上一把钥匙——一门课程、一场训练、一个通往理想状态的可能。

冲突，是让故事有温度、有张力、有生命的灵魂；情绪，则是促使客户做出决策和行动的真正驱动力。

第三幕：高潮与结局（Resolution）——让观众记住你的故事

一个好故事的最后，必须有一次情感爆发，然后给予观众一个回味悠长、内心满足的结局。这种结局不一定是完美的，但一定要“完成”，让观众感受到情绪上的闭环和心理上的释放。

我们来看《泰坦尼克号》的经典泪点。影片最后，杰克在冰冷的海水中将唯一的生还机会——那块木板让给了露丝，自己却渐渐沉入海底，永远在她的生命中消失。露丝痛彻心扉，却也因杰克的鼓励与信念，选择了继续坚强地活下去。电影的结尾，当老太太露丝将“海洋之心”悄悄扔进海里时，观众才恍然大悟：她的一生，始终在兑现当初与杰克的约定——活得勇敢、自由、无所畏惧。这一幕，让无数观众泪流满面，也让整个故事从头到尾实现了情感闭环。

那么这个结局给现实中讲故事的人带来了什么启示？答案是：无论你是在演讲、销售，还是在讲品牌故事，最后的“情绪爆发 + 价值升华”才是最打动人心、最容易被记住的部分。

想知道自己的演讲有没有打动人，不妨自问一个问题：当我讲完后，观众会带走一句话吗？那句话，会不会在他们心中激起某种思考，或者成为他们行为的触发点？如果你在结尾只是平淡地说一句“谢谢大家”，那也许听众只会礼貌地鼓掌，却不会真正把你放在心里。

同样，在销售过程中，介绍到末尾那一刻，也许正是成交与否的关键点。客户此刻最需要的，不是你再加一堆功能清单，而是一次价值判断的激发，他们想知道：这个选择会不会真正带来改变？所以，很多销售高手在结尾常用一句“抉择式的语言”来点燃行动意愿。例如：

“今天你有两个选择：要么再等一年，看着英语水平止步不前；要么现在就行动，为自己提供一次突破的机会。”

这其实就是在借鉴好莱坞的“第三幕”，用一个情感高潮+明确选择，让客户带着情绪完成决策。

品牌创始人在讲品牌故事时，也可以自问：故事的最后，有没有让客户觉得“我愿意成为这个品牌的信徒”？一个好故事，不只是被听见，更是被“相信”，而相信是靠情感与信念完成的。

所以，好莱坞的故事结构值得每个人学习，因为它背后遵循的是一套经久不衰的人性逻辑，能更快地激发注意力、唤起情绪、推动行动：

第一幕：设定——用引发好奇的场景或问题快速吸引听众进入故事。

第二幕：对抗——通过冲突制造情绪张力，引发共鸣与思考。

第三幕：高潮与结局——用情感的高点实现内容的闭环，让人记得住，也愿意行动。

无论你是销售员、演讲者、品牌创始人，还是一个普通沟通者，只要你掌握了这套结构，就能让你的表达更有张力、故事更有温度、结尾更有力量，让听众停不下来，记住你，信任你，最终选择你。

这正是“好莱坞故事手法”的真正力量。

4.1.2 英雄旅程

如果说“三幕剧结构”是一个故事的骨架，那么“英雄旅程”就是给这个骨架增添血肉，让它充满史诗感和人性。“英雄千面，故事同源。”这句话来自神话学家约瑟夫·坎贝尔（Joseph Campbell），他提出的“英雄旅程”理论，影响了无数好莱坞电影、畅销书，甚至商业品牌的叙述方式。

从《星球大战》到《哈利·波特》，从《黑客帝国》到《狮子王》，这些故事为何能吸引全球观众？答案很简单，它们都遵循同一套叙述模式——英雄旅程。

编剧大师克里斯托弗·沃格勒（Christopher Vogler）将“英雄旅程”进一步提炼为12个关键步骤。简单来说，这是一条从普通人到英雄的成长路径，其中包含挑战、磨难、蜕变和胜利。我们以经典的《狮子王》为例，来解析这个结构。

“英雄旅程”的12个关键阶段如下。

（1）普通世界：让人看见自己的影子。故事开始时，主人公处在一个平凡但不完美的世界。他尚未觉醒，也未意识到自己身上的潜力。

《狮子王》：辛巴是荣耀王国的小王子，过着无忧无虑的生活，但对自己的责任一无所知。

销售应用：这就是“代入点”。客户只有看见“故事中的人跟我一样普通”，才会走进你的故事。品牌可以让故事的主人公看似平凡，但需求真实、处境贴近客户。

（2）冒险的召唤：打破平静生活的触发点。某个突发事件打破了主人公的平静生活，让他站在人生的十字路口。

《狮子王》：辛巴的父亲木法沙被刀疤害死，辛巴被迫逃离家园。

销售应用：对应客户开始意识到问题，比如语言表达差、亲子关系紧张、健康出现预警……痛点就是召唤。

（3）拒绝召唤：客户常见的“犹豫期”。主人公会本能地抗拒改变，逃避责任。

《狮子王》：辛巴逃进丛林，选择和丁满、彭彭一起过“哈库那马塔塔”的生活。

销售应用：客户常常说“让我再想想”“我不确定值不值得”，这并不意味着拒绝，而是他们进入了“故事中的退缩阶段”。

（4）遇见导师：你是那个“关键的人”。主人公在旅途中遇到一位导师，帮助他重拾勇气与确定方向。

《狮子王》：拉飞奇用智慧和精神唤醒了辛巴的责任意识。

销售应用：你就是客户生命中那个“点亮方向的人”。品牌角色、销售角色，都要承载一部分“导师”的身份。

（5）踏入未知：客户行动的转折点。主人公正式踏上冒险之路，告别过去的自己。

《狮子王》：辛巴下定决心回到荣耀王国。

销售应用：客户决定报名、付费、试用的那一刻，就是他决定踏入未知领域，你要确保这一步既鼓励又不压迫。

（6）试炼、盟友与敌人：让故事更有张力。主人公一路上结交朋友，也遇到了敌人，并在磨难中成长。

《狮子王》：辛巴重新建立人脉，积蓄力量与刀疤对抗。

销售应用：可以引入“外部阻力”作为故事中的对抗力量，例如拖延、家长的不信任、竞争品牌的误导等。

（7）靠近洞穴：客户直面核心问题。主人公来到旅程中最危险的地方，准备面对最终挑战。

《狮子王》：辛巴回到王国，准备揭露真相。

销售应用：客户接近购买决策的临界点，他需要最后一击的说服力——一个故事、一个视频、一个案例。

（8）重大考验：必须经历的情绪爆发点。主人公面对的最大危机，是经历生死一线。

《狮子王》：辛巴与刀疤展开决战。

销售应用：你可以讲述一个典型案例——某个孩子在比赛中面对失败，如何逆转；一个客户如何突破内心的障碍，达成转变。

（9）奖励：让客户看到成果与意义。主人公完成挑战，获得回报。

《狮子王》：辛巴夺回王位。

销售应用：客户完成课程、服务之后的变化、成长，正是你的销售故事的“获奖时刻”，要有力地展示。

（10）归途：产品价值回归客户的现实世界。英雄带着新的认知回到现实。

《狮子王》：辛巴恢复了荣耀王国秩序。

销售应用：让客户看见自己的改变如何落地——孩子更自信了、演讲不再紧张、生活有了方向。

（11）复活：客户成为“新我”。主人公完成精神蜕变，获得新生。

《狮子王》：辛巴站上荣耀石，成为王。

销售应用：客户从用户升级为信徒，你需要创造这一身份感。

（12）回归与礼物：客户成为品牌的“传播者”。英雄带着智慧归来，并将“礼物”传递给世界。

《狮子王》：王国迎来新生命，循环再生。

销售应用：客户开始推荐、复购你的产品，在社群分享体验……此时，他的故事就成为你的品牌下一段的“第一幕”。

这两种讲故事的结构，是我在上海戏剧学院读书期间，通过做编剧系统学习的。后来在创业过程中，将它们应用在销售实践中，发现销售的本质其实就是让客户成为故事的主人公，从而信任你、认同你，愿意为你的产品或服务买单。

你会发现，大多数客户其实并非理性分析后才做决定的，而是在听了一个故事之后，心动了、相信了，才开始搜集逻辑证据来合理化自己的情感决策。

这就是为什么我们会为一部电影泪流满面、为一个广告心动下单，因为故事不是说服的工具，而是连接情感的桥梁。

4.1.3 如何习得好莱坞故事结构

好莱坞故事法有三重销售价值：制造情绪波动，让客户产生兴趣和共鸣，打开情绪通道；建立认同感，让客户在故事中看见自己，激发参与感；构建一条必然成交的逻辑链，让客户认为购买是必然选择。换句话说，销售人员如果会讲故事，就能像编剧一样，引导客户走完一段完整的购买旅程。

真正优秀的销售员，从不急于介绍产品，而是懂得先用故事让客户看到自己购买产品后的可能性。

第一步　建立故事思维：从产品罗列转为情境代入

很多销售人员在介绍产品时，习惯直接讲功能、讲效果，一直在输出“我们提供什么”，却缺乏情境和感受。故事思维的建立，就是要训练自己在表达时不再只是讲信息，而是讲画面、讲人物、讲转变。要培养这样的能力，最实用的练习方式就是每天复盘你的销售对话，并尝试用三幕剧或英雄旅程的结构重新故事化地讲述产品价值。

练习方法：复盘—重写—嵌入结构。

（1）记录与分析。记录当天与客户交流的内容，尤其是产品介绍部分，分析表达是否有起承转合、人物塑造及情绪波动。例如，原本你说的是："我们的课程包含系统化训练，能帮助学员提升表达能力。"这句话虽然客观，但听众不容易产生画面感。

（2）结构化改写。以结构化方式重新表达，改写为"我们有个学员叫小张，以前一上台就紧张，甚至在重要面试时卡壳……后来他学习了我们的表达训练方法，短短一个月后，竟然能在公司年会上做流畅演讲，还赢得了全场掌声。"这一表达不仅展示了起点、困境、转变和结果，还塑造了一个真实的人物和具体的情境，听众更容易产生代入感。

（3）自我检视：每次练习都从人物、路径、情绪波动三个维度进行自我检视。一是设置具体的人物原型，便于客户代入；二是呈现清晰的"挑战—转变—回报"路径，即三幕剧或英雄旅程故事线；三是带动情绪，激发客户产生"如果我也能这样就好了"的愿望。

最终目标：让故事感成为你的表达本能。随着练习的深入，让故事感成为表达本能，通过真实转变故事让客户主动代入，在情绪触动下做出选择，这是成交过程中最具力量的表达方式。

第二步　故事素材积累：建立你的销售故事库

许多销售员觉得自己不擅长讲故事，其实问题并不是不会讲，而是手里没素材。没有故事的底稿，再好的结构也很难发挥作用。因此，建立自己的销售故事库，是每一位销售员必须完成的准备工作。

练习方法：用三种来源搭建你的故事库。

（1）记录亲历客户案例。整理产品或课程是如何有效解决客户问题的，以及它们带来了哪些具体改变。将每一个成功的转化案例、每一位满意客户的反馈、每一次关键的评价，精心编织成一则有起伏、富有画面感的故事，这些素材最具说服力。

（2）提炼客户常见痛点。归类整理客户犹豫、抗拒、担忧等问题，设为故事“第一幕场景”，如“孩子表达能力不错，但在公众场合却总是紧张”“明知道表达重要，却一直没有行动”等，这些真实用户语言能成为故事的引子，引发客户产生共鸣。

（3）通过外部资源积累精彩故事。你可以从行业案例、知名人物传记、TED 演讲、电影情节甚至新闻中汲取素材。例如，乔布斯在产品发布会上如何一步步用悬念吸引全场的注意力，或电影中主人公克服恐惧的转折点，都可以提炼转化为适合销售沟通的情境。

示例参考：如何用故事打动客户。

客户故事版本：“我有个学员，第一次面试时紧张得结结巴巴，后来用了我们的演讲训练方法，短短一个月，第二次面试不仅顺利通过了，还在会上做了即兴演讲。”

行业故事版本：“乔布斯的演讲之所以能吸引全球观众，不是因为他的语言有多华丽，而是他懂得如何设定悬念、激发情绪。这种‘情节感’的表达，其实我们也可以学习并用在日常销售沟通中。”

当故事库逐渐丰富，表达会自然地充满画面感和情绪张力，客户将跟随你进入一个他们想要成为的故事。

第三步　结构化练习：让故事更具吸引力

掌握了故事思维，有了素材积累后，接下来的关键就是“怎么讲”，也就是故事的结构。再精彩的内容，如果没有合理的结构支撑，也很难引发客户的兴趣。好莱坞的“三幕剧结构”便是我们在销售沟通中可以借鉴的经典模式，它能让我们在短时间内与客户建立共鸣、激发情绪、引导行动。

练习方法：用“三幕剧结构”优化你的销售故事。

目标是让故事更具吸引力和情绪张力，同时帮助客户在故事中看见自己的困惑与解决问题的希望。

第一幕（设定）：用 1~2 句话快速描述客户的原始状态，引发代入感和产生共鸣。如：“很多人都有这种经历，一到重要场合就紧张，讲话磕磕巴巴，甚至说不完整。”

第二幕（冲突）：呈现具体挑战，引出核心矛盾。如：“就像我的学员小王，他是公司的技术主管，却因为表达问题总是错失升职机会。”

第三幕（解决）：提供你的产品或服务作为解决方案，并展示结果。如：“后来，他用了我们的表达训练系统，只上了十节课，就能在公司大会上流畅表达，直接被领导提拔了。”

通过这样的结构，客户不仅了解了产品的功能，更“看见”了自己可能有的改变。这不是在推销产品，而是在讲一个他们“想成为的自己”的故事。结构感会让故事更有节奏、更容易被记住、更具成交的力量。

第四步　刻意演练：把故事表达变成你的本能

知道如何讲故事还不够，真正的影响力来自表达熟练度。优秀的销售员会通过不断训练，让故事表达变成条件反射。

练习方法：故事即兴复述训练。

目标是让销售员在面对客户时，能快速调用适合的故事，并以自然流畅、富有感染力的方式讲述出来。具体方法如下：

（1）选择故事：每天从故事库中挑选一则真实案例或一个行业故事，用“三幕剧结构”或“英雄旅程”框架重新表达。

（2）练习方式：可以对着镜子自说自练，也可以放录音回听，或与同事进行模拟演练。

（3）复盘优化：练完后复盘，检查开头能否迅速引起兴趣、冲突是否有张力、情绪是否被调动、结尾是否清晰有力、是否能让客户产生“如果是我，我也想改变”的想法。

通过训练，建立带有故事结构的表达本能，你在各种场景中都能自信地开口、有条不紊地讲话，故事成为沟通表达中最强大的情绪引爆器。

第五步　真实场景应用：实战反馈优化

“纸上得来终觉浅”，讲故事的能力需要在销售一线实战中检验与提升。因此，最后一步是在客户面前使用，并根据其实际反应持续迭代。

练习方法：在与客户沟通中刻意嵌入故事。

目标是让故事成为你销售表达的自然部分，而不是临时拼接的演出。方法非常清晰，具体如下：

（1）嵌入故事：在每一次销售沟通中，刻意加入一个与产品相关的真实故事，如前一位客户的成长经历、行业对比数据背后的情境，或一次典型的“从犹豫到信任”的转变。

（2）观察反馈：有意识地观察客户的反应，如是否笑了、点头了，眼神是否有光等，这些细微反应是优化故事表达的宝贵依据。

（3）复盘调整：思考哪些故事最能打动人心，是人物设定、情节反转，还是开头和结尾设计，通过复盘调整，使故事表达不断趋近于“精准命中”。

这五步构成了完整的“讲故事成交闭环”训练体系。从内在逻辑到外在呈现，从素材准备到结构掌握，再到实战应用，每一步都能让你的销售表达更真实、更动人、更有效。

当别人还在滔滔不绝地讲产品的功能时，你已经用一个打动人心的故事让客户开始相信你、喜欢你，最终愿意把决定权交给你。这，就是故事的力量。

4.2 销售自信的修炼

“你为什么会买这件衣服？”或许你会回答，因为品牌、款式是自己喜欢的，或是朋友的推荐。但你可能忽略了一个微妙却关键的因素——当时销售员坚定地说：“这件衣服很适合你。”她眼神坚定、语气笃定，让你感受到她真的懂你、在意你，因此你相信了她的话。如果她当时吞吞吐吐、眼神闪烁，甚至她自己都不像是会穿这家衣服的人，你还会购买吗？

销售从来不是产品的简单比拼，而是一场信念的传递。客户购买的不仅是产品，更是你对产品的信心。你的语气、眼神、站姿，甚至介绍产品时的停顿方式，都会被客户敏锐地捕捉到。人类天生能感知“你是否心虚”或“是否在强撑”。当你发自内心地相信“我所推荐的东西真的能改变他人的生活”时，这种信念会通过你的言行无声地传达给客户。

然而，自信并非天生的，而是一种可以通过练习获得的能力，是一个不断说服自己的过程。每一次更深入地了解产品逻辑、每一次见证客户的积极变化、每一次真诚地与客户沟通、每一次在抗拒中依然坚定地推荐，都在不断巩固你的销售自信。

真正的销售高手，从来不是嘴皮子最利的那个，而是内心最笃定的那个。因为他知道，自己卖的不只是产品，而是信念、选择与未来。

4.2.1 自信的根基：相信产品，相信价值

做了这么多年销售，我越来越明白一个道理：销售不是靠技巧而是靠信念撑起来的。说得更直白一些，一个销售员有没有自信，客户其实一眼就能看出来。

想象一下，如果你对产品半信半疑，介绍时支支吾吾，即便语言再动听、包装再华丽，客户也能从你的眼神和气场中感受到不确定。相反，当你由衷地相信自己推荐的产品时，你的话语会充满底气，语气坚定。此时，你不再是在推销，而是在分享，传递一份真实的信念。

因此，我始终认为，建立销售自信的第一步，并非练习话术或背诵卖点，而是回归一个根本问题："我，真的相信我所销售的产品吗？"如果你的答案是"还行吧""也凑合""大家都在卖，我也卖"，那么你很难建立真正的自信，更无法影响客户。

记得刚创业时，我们推出了第一套表达力训练课程。有一

次，一位家长问我：“你觉得这套课真的能让我们家孩子开口说话吗？”如果是早期的我，可能会迟疑地回答：“应该可以吧，得看孩子的情况。”但当我以老师的身份，亲眼见证了一个又一个孩子从不敢开口到自信表达，从拘谨害羞到勇敢站上舞台，我逐渐建立起坚定的信念：“这门课真的能改变一个孩子。”

从那一刻起，我说话的语气、表情甚至身体语言都发生了变化。我不再依赖说得多，而是要能够说得准、说得真。客户能够感受到这种变化，他们听得出你是真心推荐还是仅仅为了完成任务。

我常对团队说：“你要像爱自己的孩子一样爱你手中的产品。”当你真正认同它的价值，相信它真的能帮助客户时，你的每一句话、每一个动作都会充满力量。这种力量无法伪装，也无须包装。

自信的根基并非通过练习获得的，而是源于内心的“确信感”。你内心的确信感越强，在客户面前就越坚定；你对产品价值的理解越深刻、体验越真切，就越不会胆怯，越不会害怕被拒绝。

那么，销售自信从何而来？它始于你对产品的深度了解与由衷热爱，始于你真正相信“我卖的不仅是一个商品，更是一种改变的机会、一种价值的传递。”

4.2.2 实战训练：从胆怯到自信的三阶跃迁

小 A 是新入职的一位销售员，尽管刚入行，但她对课程内容已经非常熟悉，话术也背得滚瓜烂熟。然而，面对客户时，她总是显得拘谨而小心，生怕说错什么。她的话语温柔却缺乏坚定的底气。

有一次，一位年轻的妈妈来咨询课程。她认真听完小A的介绍后，淡淡地问了一句："这个课程真的能提升孩子的表达能力吗？"这原本是一个很好的成交机会，但小A却迟疑了，说："呃……应该可以吧？我们这边有挺多孩子报名了……"语气中透露出不确定。那位妈妈礼貌地点点头："好的，我再考虑一下。"然后，就没有下文了。

当晚，我与小A复盘了这次谈话。我没有先指出她的话术问题，而是让她站在镜子前反复练习产品介绍。然而，无论怎么练，她依然显得底气不足。她开始意识到问题的本质："为什么我都说服不了自己？"

我问她："你真的相信这门课能给孩子带来改变吗？你有没有亲眼见过孩子的变化？你有没有自己去体会过课程的价值？"小A沉默了。那一刻，她终于明白，问题不在于技巧，而是在于信念。

接下来的几周，我给小A布置了一项特别的任务——放下销售身份，走进课堂。她每天观察孩子们的上课状态，记录他们从怯场到自信的每一个转变。她还主动和家长聊天，倾听他们对课程的反馈，了解他们最真实的期待与感受。

渐渐地，小A看到了不一样的情景：一个最初连名字都不敢大声说的小男孩，几堂课后竟能举手主动表达；一位常年沉默的女孩，在会演时竟然能站上舞台完整地讲述一个故事，台下的妈妈感动得眼眶湿润。那一刻，小A明白了，这门课程所带来的不只是表达力的提升，而是一份“我可以”的力量——孩子逐渐建立的自信、被看见的光芒。

几周后，小A又接待了一位家长。对方依旧提出那个问题：“你们的课程真的有效果吗？”这一次，她没有迟疑，没有绕弯子，而是自信地说：“我亲眼见过一个女孩，刚来的时候低着头，不敢开口说话。一个月后，在家长会上，她自信地站在讲台上讲了一个完整的故事。她妈妈当时感动得流了泪，因为她没想到自己的孩子竟然也可以这样闪闪发光。”

这一句话，说的不只是课程的内容，更是她亲身所见、所信的改变。这一次，客户的眼睛亮了，嘴角也露出了笑意。最终，家长当场报名了全年课程。

自信不是靠说“我很棒”培养出来的，而是靠一次次真实感知产品价值、逐步积累表达力量建立起来的。以下三个练习，是帮助销售者从内在信念、外在表达到情绪控制，都实现质变的关键步骤。

第一步：成为产品专家——了解比话术更重要

要让客户相信你，首先你要对产品了如指掌。这里的了解不仅仅是掌握产品的功能和配置，更重要的是理解它能为客户解决什么问题，能给客户带来怎样的改变。

你可以从以下几个维度入手：首先，梳理出产品最打动人的三个优势；其次，拿这些优势去与竞品进行比较，找出自己的产品独有的价值点，尤其是那些客户“体验后才会惊喜”的隐藏优势；最后，亲自参与或体验产品服务过程，从用户视角感受产品的力量；多听听客户的反馈，挖掘那些“讲出来会让人心动”的真实故事。

当你能用自己的语言讲出一套“不是背出来，而是感受到”的产品逻辑时，客户自然能从你的表达中感受到专家的底气。

第二步：建立信念感——相信自己是在帮助客户

做主持人，最怕什么？怕冷场，怕忘词，怕现场出现突发状况。但真正有经验的主持人都知道：舞台不是完美的地方，而是“随机应变”的现场。你不需要一开始就完美，而是要勇敢站上台，掌握节奏、调整气场。

主持人给我的第一个自信的训练是：“哪怕你心里慌得不行，脸上也要稳住。”我记得第一次在百人场合主持活动时，手心全是汗，但我做了一件事——深呼吸，抬头，扫视全场，笑着说：“各位好，我比你们更紧张，但也比你们更期待！”台下立刻笑了，那一刻，我知道我赢了。掌控感，是自信的起点。

演员也是一样的，演员最核心的技能是代入感。你得让自己融入角色，去感受这个角色的表演节奏和情绪。这对建立自信特别有帮助，因为很多时候，我们的怯场并不是因为我们不行，而是太在意“我是谁”了。演员教我的方法是：暂时放下“我”，先进入“角色”。

比如在销售时，我会给自己设定一个角色：你是一个真心想帮助客户的导师、顾问、朋友。你不是来卖课的，而是来解决问题的。一旦带着这个角色信念出场，你自然就不会胆怯，也不会太功利，自信也就随之而来。

你可以尝试每天练习“自我肯定”这一小动作，对着镜子告诉自己三次：“我的产品值得被选择。”这看似简单，却能逐步强化你的心理状态。

同时，要理解被拒绝是销售的必经之路，不是对你这个人的否定，而是对“这个阶段表达效果”的反馈。每一次被拒绝，都是你优化下一次沟通策略的机会。真正自信的人，不会害怕没成交，而是始终关注：“我有没有尽力传达这个产品的真实价值。”

销售的底气，不是来自对结果的控制，而是来自“我确信这件事值得被相信”的那种内在能量。

第三步：学会故事化表达——用情绪说服客户

自信不仅体现为语气坚定，更体现为你能否用故事打动客户。如果你只是列举产品功能、堆砌参数，客户很难有感觉。

但如果你讲的是一个鲜活的人物故事，如“这个人和你很像，他也曾犹豫，也曾挣扎，但因为这门课、这个产品，他发生了转变”。那么客户的代入感和信任感会大大提升。

建议你回顾前文学习的“英雄旅程”或“三幕剧结构”，将那些你熟悉的客户故事以结构化的方式重新包装一遍。你会发现，哪怕是同一个案例，只要换一种讲述方式，就能引发完全不同的情绪反应。

故事的力量不仅是说服，更是链接。当客户觉得你讲的那个故事就是他自己现在的状态时，你的销售就成功了一半。你的自信也会在故事中自然流淌出来，不带一点虚假和勉强。

4.2.3 长期修炼：持续自信的方法

自信是销售员必备的重要素质之一。一个自信的销售员能够很好地展示产品、应对客户疑问和挑战。自信的长期修炼有以下几种方法。

1. 深入了解产品、行业，保持积极心态

对产品和行业有深入的了解是建立自信的基础。销售员需要不断学习产品知识和了解行业动态，以便在与客户交流时能够自信地介绍产品和解答疑问。

（1）对行业的理解是长期自信的根基。

有些人对产品很熟悉，但一到市场变化或出现新趋势就慌了神，这是因为他们没有站在行业视角看问题。

例如，前几年大家普遍认为线下课堂是主流教学方式，后来疫情来袭，在线课程迅速兴起。很多同行因此手忙脚乱，而我们团队却能很快调整策略，原因在于我们在做产品设计时，就密切关注行业走向，提前布局了线上课程模式。对行业的深入理解，能帮助你在风云变幻的市场中找准方向。

当你在客户面前自信地说出“未来五年，表达能力会成为孩子的核心竞争力之一，因为AI不会取代人的情感表达，而这正是我们课程的核心目标”时，客户听到的不仅是课程介绍，更是你的远见和判断力，这背后体现出的就是你的“战略自信”。

（2）保持积极心态是赢得信任的开端。

在销售行业，有一句话很有道理：“你对自己都不相信，客户怎么可能相信你？”保持积极心态，就是要真心觉得产品好，真心相信自己能够做成这件事，真心认为可以服务好客户。

这种信念感并非一朝一夕就能形成，它需要日常的自我暗示。曾有一段时间，我在办公室贴了一张纸条，上面写着：“你不比别人差，你只是需要更笃定。”这就是一种积极的自我暗示。

很多人可能会觉得这像自我“洗脑”，但实际上负面情绪才是真正的“洗脑”。积极的自我暗示就像为自己点亮一盏灯，让你在还未完全准备好时也能勇敢地迈出第一步。

销售自信的建立，需要做好三件事：像专家一样吃透产品，站在行业的高度看问题，给自己积极的心理暗示。

这三件事构成了销售自信的核心与基础。只有当你懂产品、懂趋势，也懂自己时，你说出的每一句话，才会让人相信，客户才会愿意听、愿意买。

2. 自信源于实践

在做销售这条路上，我见过太多初出茅庐的新人，他们穿着笔挺的西装，手里拿着标准的销售话术单，站在客户面前，熟练地背诵着："您好，我们的课程是……"但你能明显感觉到他们缺乏自信。

这和话术、穿着、培训都没有关系，而是因为他们经历太少，自己都还没真正信服自己说的内容。

（1）自信是实践的不断积累。

还记得我第一次单独跟客户谈单，是在一个嘈杂的培训展上。我手里拿着资料，心里紧张得打鼓，客户随便问了我一句："那学完一个学期，具体能学到多少表达模型？"我立刻脸红了，因为我根本没记住具体数据，只能含糊地回答："大概……十来个吧？"那次交流自然没有成交，我当时特别沮丧，怀疑自己是否适合干销售。但后来才明白，并不是我不适合，而是我经验不够，很多知识还没真正掌握。

自信，靠看书、听课是补不出来的，一定要靠“做”。做一次、做两次、做十次，从一开始心跳加速，到后来慢慢有底气，最后形成肌肉记忆。你甚至都不用再刻意思考应该怎么说，因为你已经说顺了、说熟了，表达变得自然流畅。

（2）每一次失败都是底气的积累。

我们团队里有个销售女孩，前期非常努力，但总是签不下来单。她每次都说：“我是不是不适合？”我告诉她，你不是不适合，只是还没有经历过足够的失败。

每一次被拒绝，其实都是在帮你排除一种错误的沟通方式。今天失败了，明天你就知道哪里不能再犯。果然，她开始认真记录每一次失败的谈话，后来总结出一套“慢节奏引导法”，更符合她的性格和表达方式。再往后，她成了我们团队转化率最高的销售之一。

她说：“其实我没多厉害，就是不怕被拒绝了。”不怕失败的销售员，其自信是从挫败里生长出来的。

（3）实践让你找到属于自己的表达方式。

你有没有发现，一些特别自信的销售员，并非说话最响亮、最能讲段子的那个，而是那个特别自然的人。他说的每句话都不“硬”，但你就是会听进去；他的动作不夸张，眼神却稳定有力。

这是因为他在一次又一次的实践中，找到了属于自己的表达节奏。我也是从一个讲演稿都要背三遍、说话会脸红的人，慢慢练到现在可以站上舞台、面对数百名家长滔滔不绝地演讲，甚至还能根据现场反应即兴调整内容。

这一切都不是一夜之间发生的，而是在实践中不断修正的结果。每一次客户犹豫不决的眼神，每一次他们听到你讲故事时眼睛一亮的瞬间，都是你打磨自己的时刻。这些感受，只有“走进战场”才能体会。

（4）从“小事练习”开始积累信心。

当然，我不是说你要立刻接十个客户、签大单才叫实践。你可以从每天练习打电话、每天试着开口进行一个三分钟产品介绍开始，甚至可以每天写一段话术、录一段自己讲解的音频。

实践，不在于量，而在于“让自己开始做”。我们有一种训练方法叫“每周一讲”。每周大家轮流站在舞台上，用自己的语言讲解课程内容，两分钟即可。刚开始，很多人卡壳、紧张、说错，但一个月之后，每个人的表达能力都有了质的飞跃。

那些练习场上的锻炼，成了他们实战时最大的底气。所以，建立自信的第二种方法其实是：你愿不愿意一次次走出舒适区，用实际行动去换回真正的底气。客户不是用来搞定的，而是用来理解的；话术不是用来背的，而是用来试错的；销售不是光靠天赋，更需要你每天面对真实场景不断打磨自己。实践越多，越有经验，你的表达会越来越自然，你的态度会越来越笃定，你的语言会越来越有分量。

到那个时候，不用别人告诉你如何做到自信——你站在那里，说一句话，别人就会信你。

3. 接受失败并从中学习

在销售过程中，失败是不可避免的。销售人员需要学会接受失败并从中汲取经验教训，以便更好地提升自己的销售技巧和增强自信心。每一次失败都是一次学习的机会，也是一次成长的契机。

“失败不是你的对手，而是你的老师。”在销售这行，真正能走到最后的人，不是那些一开始就顺风顺水的人，而是那些敢于接受拒绝，愿意从失败中找答案的人。

在创业早期，我自己也不是一上来就特别自信。甚至可以说，我吃过不少闭门羹，有过那种跟客户谈得热火朝天，最后对方一句“回去再考虑一下”就再也没消息的窘境。那时候，我也会怀疑是不是自己说错了？是不是这个产品不够好？是不是自己的话不够有说服力？

但后来我慢慢发现，那些看起来失败的瞬间，其实才是让我真正成长的契机。很多人不自信，是因为他们对失败太敏感了、太害怕了，怕被拒绝，怕不被认可，怕自己做不到。

失败，不是一种否定，而是一种反馈，是你在销售过程中的一面镜子，它会告诉你：“这一步可能走偏了”“这句话说重了”“客户还没完全信任你”。

我后来给自己设定过一个小目标：每失败一次，就总结一个点。不是为了惩罚自己，而是为了能从失败中吸取经验和教训。

有一次，我被一个客户拒绝，对方态度非常冷淡。我本来很沮丧，但晚上回去后，我把那段谈话录音重新听了一遍，发现是我说话节奏太快，没有听清楚客户的真实顾虑，反而不小心打断了他好几次。

那一次的教训，让我意识到：倾听比表达更重要。从那以后，我每次开始谈话前都提醒自己多听三秒再回应，结果客户满意度有了很大的提升，签单也越来越顺利。

我们常说主持人要讲究语言的节奏和分寸，其实销售也是一样。你今天说的话，客户听进去了吗？是觉得被打动，还是被推销？这个问题，客户不会告诉你，但失败会告诉你。

有一段时间，我总觉得客户不买账，是他们的问题。后来发现，是我“讲得太满”，留给对方的思考空间不够。比如我总喜欢说：“我们这个课程特别适合你家孩子，能帮助他快速提高表达能力。”听起来很有信心，但后来一个客户私下告诉我：“你说得太直接了，我反而有点反感，感觉自己被标签化了。”

这句话给我敲响了警钟。于是，我开始改变自己的表述方式，比如：“我们确实有一些孩子在表达方面提升很快，但也想听听您觉得孩子目前在哪方面最需要帮助？”这样一转换，话术更有温度了，客户也更愿意与你交流。一句话的改变，源于一次失败，而这种改变，是自信真正建立的过程。

有一位我特别佩服的销售高手，曾经在公司创下单月签单纪录。但你知道吗？他也曾三个月一单未签，差点离职。他说有一件事改变了他：“我开始主动去复盘每一次失败，而不是去抱怨客户。”

他会在每次失败后写下三句话：

客户说了什么让我无法应对？

我哪里没有听懂客户的需求？

如果重新来一次，我该怎么说？

就这样，三个月，他写满了一个小本子，里面记录的都是从失败中学到的语言技巧和心理博弈。

他说：“我不怕失败了，因为我知道，每失败一次，我就比昨天更接近成功一步。”这句话我一直记着，也常常用来鼓励我们团队里的新人，即把失败当作一份礼物，而不是一记耳光。

我们都想成为那个侃侃而谈、信心满满的销售高手。真正能做到的人，一定是在无数次失败中站起来，在每一次拒绝中锤炼出判断力的人。你不需要完美，你只需要诚实地看见失败，勇敢地从失败里带走点东西。带走的这些东西，就会成为你下次自信开口的底气。

4. 持续改进的复利效应

寻求他人的反馈并持续改进自己的销售技巧，是增强自信的重要方法。销售人员可以向同事、领导或客户寻求反馈意见，并根据反馈来调整自己的销售策略和沟通方式。通过持续改进自己的表现，销售人员可以逐渐建立起强大的自信心和提升职业素养。

你有没有发现，有些人越做越有信心，讲话越来越从容；而有些人越做越没底，做久了反而更焦虑。这背后一个很大的区别就是：有没有及时得到反馈，并通过这个反馈持续改进。

销售不是一个人唱独角戏，它始终是一场对话。你每说出一句话，客户的表情、回应、语气甚至沉默其实都在给你回信。问题是，你有没有真的读懂这封信？

我曾经也很害怕被客户提意见，只要一听到“你们的课程价格有点高”“我觉得内容没那么吸引人”，心里就慌了。但慢慢地，我意识到：客户愿意说这些，其实是一种销售机会。沉默才是最大的敌人，因为你连改进的方向都没有。

有一位客户曾经试课后给我提了三个建议：试听课内容稍显紧凑，孩子没能完全消化；老师表达太专业，家长听得有点云里雾里；希望有更多孩子实际练习的环节。

说实话，当时我听完有点懊恼，但还是压下情绪认真记下来了。回去后，我找团队开会，逐条讨论改进方案。我们调整了课程结构，让试听变得更轻松有趣；老师讲解也更口语化，加入了故事和案例；孩子的参与度也有了明显提升。

一个月后，我们的试听课满意度提高了近30%，报名率也翻了将近一倍。这就是反馈的力量，不是一针见血，而是让你看清楚客户眼中的自己。

除了客户的反馈，同事、上级、合作伙伴的反馈也很重要。有时你以为自己讲得很好，其实旁边听的人心里早已否定。我们做销售的，有时候容易陷入一种自嗨的状态，觉得自己讲得激情澎湃，但忽略了对方到底听懂了多少，是否被打动。

所以我经常鼓励自己和团队，每次销售完后，不妨花几分钟请教一下身边的人：

◇ 你觉得我刚才哪句话说得最打动人？

◇ 有没有哪个地方显得有些生硬？

◇ 如果换成你，你会怎么说？

这个习惯，哪怕只坚持一个月，也会让一个销售人员的语言表达能力、判断力、气场都有明显提升。这就是持续改进的复利效应——哪怕每天只改进一点点，时间一久，你就和别人拉开了距离。

很多人不敢面对反馈，是因为他们把反馈当成了批评或否定，一旦听到“你讲得有点啰唆”“这段不够清晰”，就下意识地觉得自己很差劲。但其实，真正成长的人，是能从这些负面反馈里提炼价值的人。

我自己也练过这种思维方式：客户说我“太推销”了，我想是不是我用了太多绝对的词？同事提醒我“说话节奏快”，我反思是不是自己在紧张的时候容易抢话？上级建议我“少谈产品，多谈客户的需求”，我就开始刻意练习倾听。

这些反馈一开始听着都很不舒服，但只要你愿意接受它，它就会成为你自信的来源。寻求反馈，不是为了讨好别人，而是为了更好地认识自己；持续改进，不是为了立刻成功，而是为了积累底气。

销售这条路，其实是不断试错、修正、再试的过程。你越不怕反馈，就越容易找到自己的节奏；你越愿意改进，就越能找到真正适合自己的表达方式。自信，不是喊出来的，而是在你一次次听取反馈、不断调整中慢慢锻炼来的。那种从不确定到确定、从怀疑到笃定的过程，就是你销售生涯中最重要的成长。

4.3 公众演讲赋能销售

4.3.1 演讲与销售的共同核心

我一直强调销售中的公众演讲很重要。因为销售和公众演讲本质上是一回事，都是在和人打交道，都是在影响他人，都是在用语言去推动对方做出决定。一个好的销售员，不只是推销产品，而是要通过沟通让客户认同你的产品的价值；一个好的演讲者，也不只是讲道理，而是要用感染力让听众接受你的观点。所以，以下核心能力是两者共通的。

①吸引注意力：开头几句话能否抓住对方的兴趣，决定了后续是否有机会。

②建立信任和产生共鸣：让对方觉得你站在他的角度考虑问题，而不是单方面灌输。

③逻辑表达：内容要有清晰的结构，如“痛点—方案—好处”的逻辑，让对方能够顺着自己的思路走。

④情绪感染力：通过眼神、语气和故事打动对方，让对方感受到你的信念。

⑤处理异议：预判并化解客户的疑问和不同意见，增强信服力。

⑥推动行动：用有力的“Call to Action”让对方知道下一步该怎么做。

说到底，销售是演讲的一种形式，演讲也是销售的一种方式。一个优秀的销售员必须具备出色的演讲能力，而一个有影响力的演讲者，本质上也是在销售自己的思想和观点。所以，学好公众演讲，不仅能提升你的销售能力，还能让你在任何沟通场合都拥有更强的说服力和影响力。

那问题来了，如何通过演讲能力的锻炼提升自己的销售水平？

第一，克服紧张，大胆表达。你可以把销售当成小型演讲训练，每次见客户之前，先对着镜子演练，确保自己能用清晰、自信的语言讲出产品的价值。你可以每天练习即兴演讲，随便抽个话题，给自己一分钟准备时间，然后大声讲出来，让自己习惯在短时间内组织语言并表达出来。练得多了，面对客户的时候自然就不怯场了。

第二，学会讲故事。顶级的销售高手卖的是故事，而非产品。例如，讲述一个客户使用产品后的真实案例比堆砌参数更能打动人。

第三，使用结构化表达，让客户听得明白。比如使用“痛点—方案—好处”这一逻辑。先讲客户的痛点，让他产生共鸣；再介绍产品如何解决客户的问题；最后讲清楚使用该产品的好处。这样一来，客户更容易接受你的观点，成交的可能性也更大。

第四，学会调动情绪，增强感染力。顶级的演讲者和销售高手说话的时候，语调有起伏，眼睛有光，身体语言丰富，让人觉得充满能量。你可以练习声音的抑扬顿挫、眼神的交流、手势的运用，让自己的表达更具感染力。比如，当你讲到产品的好处时，可以适当提高音量，带点激情；当你描述客户的痛点时，可以放慢语速，营造共鸣感。

第五，不要怕被拒绝。销售和演讲一样，都是通过回顾和反思不断提升表达能力和情绪感染力，直到能够真正打动对方。所以，把每次销售都当成演讲训练，不管客户买不买，每次销售之后都回顾一下：我的表达够清晰吗？情绪够饱满吗？有没有让客户产生共鸣？下一次，我能不能讲得更有说服力？

4.3.2 公众演讲的五大要素

真正优秀的演讲，背后都有清晰的结构、强大的心理影响力、有效的语言技巧和精准的肢体表达。我们可以把演讲拆解成五个核心要素：开场白、主体内容、语言表达、肢体语言和结尾。下面，我们就深入分析这五个要素。

1. 开场白：引人入胜

短视频也强调“黄金三秒”，可见开场白有多重要，它是演讲的起始，也是吸引听众注意力的关键。一个引人入胜的开场白能够迅速抓住听众的兴趣，为接下来的演讲内容定下基调。在销售中，一个精彩的开场白同样能够迅速拉近与客户的距离，为产品展示打下良好的基础。

（1）提出问题或挑战：激发他们的好奇心和思考。例如：“您有没有想过，为什么大家都觉得主持人就很会说话？”

（2）引用统计数据或事实：吸引注意，并突出产品的价值。例如："您知道吗，根据最近的研究，在我们这里学习过口才课程的孩子，在学校获得表现机会的概率提高了30%。"

（3）分享成功案例或客户见证：讲述与当前客户情况相似的成功案例。例如："我之前的一个学员，一开始不敢说话，后面学习了一段时间，妈妈说他像变了一个人。"

（4）谈论当前趋势或热点：结合时事或行业趋势展示你对市场的敏锐洞察。例如："语文也在不断改革，大语文强调更多的就是表达与交流，还有传统文化的宣传。"

（5）使用幽默或引人入胜的故事：用轻松幽默的方式开场，或者讲述一个与产品相关的有趣故事。例如："大家知道吗，我本人其实一直'社恐'，但是通过学习口才真的慢慢战胜了自己的！"

（6）直接展示产品特点或优势：如果产品具有突出的特点或优势，可以直接展示出来吸引客户。例如："孩子不敢说、不会说、不想说？来我们这里上课的孩子基本解决了这些问题。"

（7）表达对客户需求的关注：表示你了解并关注客户的具体需求。例如："我注意到您其实很重视对孩子语言的培养，并且也很重视课程与老师的专业性，那我们学校与您的需求是非常匹配的。"

无论选择哪种开场白方式，关键是要确保它与客户的兴趣和需求紧密相连，并且能够自然地引出你的产品介绍。同时，保持自信、真诚和热情的态度，也是非常重要的。

2. 主体内容：条理清晰、有逻辑性

销售人员介绍产品时，要确保主体内容条理清晰、逻辑性强，能够更有效地传达产品的价值和优势，从而激发客户的购买意愿。一般建议从以下几个方面来介绍产品。

（1）产品背景或品牌故事：简述产品的起源、发展历程或品牌背后的故事，增加产品的情感价值。

（2）产品特点与功能：详细介绍产品的特点、主要功能和优势，突出其与竞争对手的差异。

（3）应用场景与用途：描述产品在哪些场景下使用最为合适，以及如何解决客户的实际问题或满足特定需求。

（4）技术与品质：阐述产品所采用的技术、材料和生产工艺，强调产品的耐用性、稳定性和高品质。

（5）客户反馈与评价：分享其他客户的使用体验和正面评价，增强产品的信任度和说服力。

（6）学习规划、售后服务与支持：介绍公司提供的售后服务内容、期限和流程，减少客户购买后的后顾之忧。

（7）竞品对比分析：简要对比市场上同类产品的优势和不足，突出自家产品的竞争优势。

在这里，分享我的一些经验。我在介绍课程产品的时候，会从品牌背景、办学理念、课程体系、师资、平台资源这几大板块有针对性地给客户讲解。

（1）品牌背景：阐述品牌的创立初衷，以及发展过程中所坚持的核心价值观和使命。通过分享品牌的发展历史和成就，让客户树立对品牌的信任和认可。

例如，我们的品牌背景介绍：由上海戏剧学院团队孵化创立，专注于3~65岁人群的语言表达和表演培训。自2018年创立以来，艺颗橙子凭借数千名学员的好口碑迅速出圈，先后斩获多项行业荣誉，在读学员数千名，所有教师均来自上海戏剧学院、中央戏剧学院、中国传媒大学、浙江传媒学院等科班院校，原创课程由上海戏剧学院专家教授团队权威研发，打破了市面传统口才课程“死记硬背”的教学模式。我们是一家结合语言发展心理学并传承正统上海戏剧学院主持艺术课程理念的演讲口才学校。

（2）办学理念：介绍办学理念以及如何通过独特的教学方式帮助学员实现个人成长和技能提升。

例如：我们首创“生活即是舞台”理念，课程主打实用、高效，提倡人人都应在人生各大舞台上自信表达，把握机会！我们注重培养学员的实际应用能力，通过互动方式学习和分析案例，让学员在轻松愉快的氛围中快速掌握演讲技巧。

（3）课程体系：列出课程的主要模块和内容，以及每个模块的学习目标和教学方法。展示课程的系统性和完整性，让客户了解学员能从课程中获得哪些具体技能和知识。

例如：全年龄段教学计划皆遵循语言发展学与逻辑学的规律，清晰地规划了学员每个阶段的每一节课，实实在在做到了科学、系统、全面的教学，确保每一节课都能学有所成。我们的课程体系包括表演基础技巧训练、高级演讲技巧、公众表达与领导力等多个模块。每个模块都配备了丰富的教学资料和实战案例，确保学员能够全面掌握演讲的各个方面。

（4）师资：强调师资团队的优势和特点。介绍师资的背景、资质和教学经验，以及如何为学员提供专业、个性化的指导。

例如：我们的师资团队由上海戏剧学院多位具有丰富教学经验和专业背景的专家教师组成。他们不仅具备深厚的理论知识，还有丰富的实战经验，能够为学员提供有针对性的指导和建议。

（5）平台资源：最后，介绍平台资源。包括学习平台的功能、学习资料的丰富性、学员社群的支持等。展示平台如何为学员提供一种全方位、互动式的学习环境。

例如：校区提供多场国内、国际性比赛机会，以及海外游学交流、电影和广告剧组参演机会。学员可优先参与中央电视台、湖南卫视、东方卫视等各大电视、电影、广告平台的活动，并有机会参与国际戏剧节，登上更大的舞台，开阔视野。

通过以上五个方面的详细介绍，不仅能让客户对我们的课程产品有更全面的了解，还能展现出我们的专业性和条理性。这样的介绍方式有助于提升客户的信任度和购买意愿。

3. 语言表达：清晰准确

公众演讲要求使用清晰、准确的语言来传达信息。在销售中，销售人员同样需要使用恰当的语言来表达产品的特点和价值，避免使用过于复杂或模糊的词语，以提高销售效果。

4. 肢体语言：增强感染力

肢体语言在公众演讲中能够有效提升演讲者的表达力。在销售过程中，销售人员也需要通过适当的肢体语言来配合口头表达，使产品展示更加生动有趣。一个自信的微笑、一个肯定的手势，都能够让客户感受到销售人员的专业与热情。

5. 结尾：简洁明了、令人回味

一个好的演讲需要有一个简洁明了、令人回味的结尾，以给观众留下深刻印象。在销售中，结尾部分同样重要。销售人员需要通过简洁有力的语言来总结产品的重点信息，并引导客户做出购买决策。一个巧妙的结尾不仅能够加深客户对产品的印象，还能有效促成交易。

第5天

情绪管理、谈判与异议处理

7天成为销售高手

掌控情绪、赢得谈判、化解异议是销售领域真正的较量。

我常常和团队成员说：“销售并不是单纯的口才比拼，而是情绪的平衡、价值的交换和信任的建立。”这一切，都需要我们在看似棘手的局面中保持冷静，并找到突破的机会。

很多销售员都经历过这样的困境：客户提出尖锐的问题，让你一时语塞；谈判陷入僵局，对方坚持自己的立场，丝毫不肯让步；当你满怀信心地介绍产品时，客户却表现出明显的抗拒，甚至直接说“不”。面对这样的情况，有些销售员会急于反驳，结果让客户更加抗拒；有些销售员则陷入情绪失控，变得焦虑不安，最终错失成交的机会。

但是，真正的销售高手在面对挑战时往往表现得异常沉稳。他们不会被情绪牵着走，而是懂得如何调节自己的心理状态，在压力之下仍然保持冷静、理性地思考。他们知道，销售的本质不是说服客户，而是找到彼此价值的交汇点，让客户在信任和认同的基础上，自愿做出购买决策。

这背后涉及的不只是销售技巧，是一门更深层次的心理学——如何掌控自己的情绪，如何读懂客户的心理，如何在谈判中赢得主动权，以及如何将客户的抗拒点转化为购买的推动力。这些能力不仅能帮助你在销售中屡创佳绩，更是一种可以延展到人生各个领域的智慧。

5.1 情绪管理在销售中的重要性

在销售领域，很多人热衷于在技巧上投入大量精力，如背话术、学心理、套模型，却忽略了最根本的一项能力——情绪管理。情绪是销售过程中最容易被忽视的变量，却又是最容易打乱节奏的陷阱。

当你焦虑、急躁、沮丧时，对方或许不会直接说破，但早已在潜意识中做出了决定。你愤怒、委屈、气馁，哪怕这些情绪只是藏在一瞬间的眼神里，也足以让客户觉得你不够专业、不够可靠。

很多销售员觉得客户没签单是“客户太挑剔”“预算不够”“竞争太激烈”。如果你认真复盘就会发现，失败往往从你失控的那一刻就已经注定了。

我曾经带过一个能力极强的销售员，他逻辑清晰、反应迅速，几乎所有产品知识都烂熟于心。但他有一个致命弱点——情绪波动大，尤其是当客户语气强硬或者反问尖锐时，他的应对立刻变得急促，甚至会进行情绪化反驳。在这种情况下，哪怕讲得再有道理，客户也不会信任你，反而会下意识地防御甚至产生反感。

真正的销售高手能在任何情境下都做到“情绪不动如山”。他们懂得销售不是一场“赢对方”的战斗，而是一场“赢得信任”的协作。对方越情绪化，你越冷静，这样才能把握主动权。

想想你生活中最信任的朋友，是不是总能在你情绪起伏时，稳稳接住你？销售员也是一样，当客户质疑、试探你，甚至“故意找茬”时，你能否情绪稳定地回应，决定了你是否能跨过那道信任门槛。

情绪管理不是情绪压抑，更不是强颜欢笑，而是有意识地去识别自己的状态，知道在什么时候需要深呼吸一口气，什么时候该用倾听代替反击，什么时候能用一句轻描淡写的话化解一场即将爆发的对抗。

从心理学角度来说，人类的大脑中有一个“情绪警报器”——杏仁核，它负责监测风险和威胁。一旦你表现出急躁、紧张或焦虑，客户的大脑就会自动拉响警报，进入防御状态。相反，若你从容、温和、坚定，客户也会被你的情绪所感染，从“防御”转换到“信任”。

从容并非天生的，而是在一次次销售实战中锤炼出来的。所以，如果你问我销售最重要的能力是什么？我会毫不犹豫地回答是稳定情绪、掌控节奏的能力。因为一个人只有管理好自己的情绪，才能真正赢得他人的信任和尊重。

5.1.1 掌控情绪，就是掌控销售的节奏

销售是一场心理博弈，情绪的波动往往会影响整个博弈的结果。一个急功近利的销售人员，很可能会因为情绪失控而失去客户。

记得刚开始做兼职销售时，有一次连续三天没有卖出一件产品，我的心态濒临崩溃。当一个客户问我价格时，我无意中流露出不耐烦的语气，结果客户直接转身离开，甚至没有再看一眼产品。那一刻，我深刻体会到了情绪失控的代价。销售不仅是推销产品，更是影响客户决策的过程。客户的决策，在很大程度上会受到销售员的情绪的影响。

心理学研究表明，人际沟通中有 55% 的影响力来自非语言表达（包括面部表情、肢体动作等），38% 来自语调，只有 7% 来自语言本身。换句话说，你的语气、眼神、肢体语言，甚至潜在的情绪波动，都会直接影响客户的决策。你是焦虑、急躁还是沉稳、自信，客户都能感知到。一旦客户感受到销售员的不安或焦虑，他们就会下意识地保持防备，甚至直接拒绝成交。

1. 负面情绪对销售的直接影响

在销售中，情绪的掌控力是一项不可忽视的底层能力。销售员的情绪状态会以极其微妙却具有决定性的方式传递给客户，

并深刻影响成交的走向。尤其是那些未经训练的负面情绪——急躁、焦虑、沮丧等，不仅会让客户察觉到你的不安，更会直接降低客户对你的信任感，甚至导致整个销售过程的失控。

负面情绪通常会以以下几种方式影响成交。

（1）急于成交的心态，常常会让销售员在客户刚表现出一丝兴趣时，就迅速切换到“全力以赴促单”的模式。他们往往开始滔滔不绝地介绍产品功能、案例优势、价格折扣，试图用信息的堆砌快速打动客户，迫使其做出决策。然而，客户对此并不感兴趣，反而容易产生被逼迫的不适感。一旦客户感受到“推销感”过强，防御机制就会被激活，成交的机会也会随之流失。

曾经有一位销售员，性格活泼外向，面对客户总是激情满满。然而，他犯的最大错误就是话太多。他总是担心客户中途失去兴趣，因此不停地讲话，不留空隙。有一次，一位原本态度积极的家长，被他连珠炮般的表达吓退，委婉地说：“我回去再考虑一下。”而后就再无回应。后来，我们引导他调整说话节奏，在介绍中有意识地留出停顿、抛出问题，这会让客户感受到被尊重，最终他的成交率提升了30%。真正的销售高手知道什么时候说话，更懂得什么时候应该倾听。

（2）处在焦虑情绪中的销售员很容易把注意力放在“我说得对不对”“客户是不是不感兴趣”等方面，导致无法专注于客户的表达。他们倾向于快速打断客户的问题，用准备好的答案化解尴尬，或者急于得出结论，却忽视了客户内心真正的担忧。这种缺乏深度倾听的行为，会让客户感到被忽视，产生“你没听懂我”的反感情绪。那些情绪稳定的销售，往往在客户说出一句“不确定”的反馈时，能敏锐地追问一句：“您是担心孩子不能适应课程节奏吗？”这种基于倾听的反应，不仅精准，还会让客户觉得你真正懂他。销售的本质不是不停地说服，而是准确地理解。焦虑是一种信息噪声，它会让销售者陷入自我，而不是走进客户。

（3）优秀的销售高手往往是优秀的倾听者。但当处于焦虑状态时，你的大脑会本能地专注于如何尽快成交，而不是如何真正理解客户的需求。你可能会打断客户，或者在客户提出问题时，急于用标准答案来回应，而不是去深挖客户真正的顾虑。

（4）沮丧会让你失去销售的信心。在销售过程中，被拒绝是家常便饭。许多新手销售员在被拒绝几次后，就开始怀疑自己，甚至对产品失去了信心。这种沮丧的情绪，会直接影响你的表达——你的语调不再有激情，你的眼神不再坚定，你的肢体语言不再自信。客户当然能感受到这一点，最终造成“信任缺失”，成交的可能性也降低了。

2. 正面情绪对提升成交率的作用

在销售过程中，正面情绪不仅展现了销售员的专业度，更是一种可以传递信任和安全感的能量。它能够帮助销售员建立从容的节奏、提升客户的好感度，并降低客户的防备心理，从而有效提升成交效率。

（1）冷静的心态使销售员更具信任感。情绪稳定的销售员在与客户沟通时更容易掌控节奏，不急不躁地回应每一个问题，让客户感受到对方是一个理性、可靠的专业人士。这种从容的气场往往比花哨的推销话术更能打动客户。

（2）积极的情绪能够激发客户的参与感。人的情绪具有高度的可传染性，当销售员表现出真诚、自信、乐观的态度时，客户也会更容易进入一种放松、信任的状态。这种情绪上的共鸣，有助于拉近彼此的距离，增强合作意愿。

（3）耐心与同理心能够降低客户的抗拒心理。面对客户的顾虑和犹豫，情绪稳定的销售员往往不急于解释或对抗，而是善于倾听和共情，理解客户的真实需求，并通过有效引导帮助客户理清思路。这种不带攻击性的沟通方式，会让客户放下戒心，感受到被理解与尊重，从而更容易接受建议，进而达成合作。

5.1.2 销售人员情绪管理策略

销售员应该如何管理自己的情绪，让它为销售加分，而不是阻碍成交呢？

1. 自我觉察：学会读懂自己的情绪

情绪管理的第一步，是学会察觉自己的情绪波动。很多销售员在面对拒绝时，往往没有意识到自己已经进入情绪化状态，比如语速变快、语气变硬、脸上开始出现紧张的表情等。一旦客户察觉到这些微妙的变化，就会本能地产生戒备心理。

训练方法：每天做 3 分钟情绪复盘。每天销售结束后，回顾自己的情绪状态，问自己三个问题：

◇ 今天哪一刻，我的情绪波动最大？是客户拒绝我时，还是谈判进入僵持时？

◇ 情绪是如何影响我的表达的？是变得急躁，还是防守性变强？

◇ 如果能重新来一次，我会如何调整？

长期进行情绪复盘，你会对自己的情绪模式有更深的认知，并逐渐学会在销售过程中调整自己的情绪。

2. 调节情绪：用正确的方法快速“归零”

在销售过程中，我们不可避免地会遇到压力、焦虑甚至挫败感。那么，当情绪快要失控时，哪些方法可以帮助我们快速恢复状态呢？

（1）情绪暂停法：当你感受到压力或急躁时，不要立刻回应客户，而是给自己 30 秒的时间做一个微调。比如：

◇ 深呼吸三次，让自己的心跳慢下来。

◇ 喝一口水，给自己一个短暂的缓冲时间。

◇ 调整语速，有意识地放慢一点点，让自己回归冷静。

（2）情绪重置法：用肢体语言调整心理状态。研究表明，当挺直脊背、微笑并深呼吸时，大脑会分泌多巴胺，让人感觉更加自信。因此，如果你感到焦虑，可以从以下几个方面进行调节。

◇ 挺直背脊，不要驼背或缩肩膀。

◇ 有意识地微笑，让自己进入积极的情绪状态。

◇ 用更有力的语调说话，让自己的声音听起来更稳重。

（3）情绪释放法：快速排解负面情绪。如果刚刚经历了一次失败的销售，不要让负面情绪影响接下来的客户。你可以从以下几个方面进行调节。

◇ 在休息时间听一首自己喜欢的音乐，让情绪快速切换。

◇ 去卫生间洗个脸，给自己一个短暂的情绪“归零”时间。

◇ 在心里默念：“这只是一次普通的销售经历，我依然有机会。”

情绪管理是每个销售员的基本功。销售高手的成交率之所以高，不是因为他们的话术更华丽，而是因为他们能够在任何情况下都保持冷静、稳重、自信的状态。这种情绪稳定性，不仅能让客户产生信任，更能让他们愿意跟随你的引导做出购买决策。

只有掌控情绪，你才能真正掌控销售的节奏。

5.2 达成双赢协议的谈判技巧

5.2.1 双赢谈判的理念

在商业和人际交往中，双赢这个词被频繁提及，但真正能理解其本质，并在实践中做到的人并不多。很多人把双赢简单理解为“我们都不吃亏”，但实际上，双赢的核心不是简单的利益均分，而是价值的最大化，是双方都能从合作中获得超出预期的回报。

双赢的本质不是利益平分，而是价值共创。在谈判、销售、商业合作乃至日常生活中，我们经常面临两种典型的博弈模式。

零和博弈（Win-Lose）：一方的利益建立在另一方的损失之上，比如某些激烈的价格谈判，买方压低价格，卖方利润被挤压，导致合作变得短暂且不稳定。

双赢思维（Win-Win）：双方在合作中不仅满足了各自的基本需求，还通过共同努力创造出更大的价值，让彼此都得到超出预期的收益。

1. 双赢谈判如何创造额外价值

假设你是一家软件公司的销售，正在与一个潜在客户谈判。对方希望以更低的价格购买你的软件，但如果你直接降价，公司利润就会减少，形成零和博弈。那么如何获得双赢？

你可以提出延长服务支持时间，让客户感觉“花同样的钱，得到了更高的价值”；或者你可以增加一个定制化功能，让软件更符合他们的业务需求；你可以提供员工培训，帮助他们更好地使用软件，提高效率。

这样，你不仅保住了价格，还能让客户感受到额外的价值提升，最终双方都得到了超出预期的收获——这才是真正的双赢。

为什么人们更愿意接受双赢？人类的合作行为背后，有着深刻的心理学基础。心理学家罗伯特·西奥迪尼（Robert Cialdini）在《影响力》一书中提到，人们更容易接受那些能给予他们好处，并让他们感受到公平和尊重的合作模式。

互惠原理（Reciprocity Principle）：当我们为对方提供真正有价值的东西时，对方更容易愿意回报，这种心理机制会促使双赢的达成。

长期关系思维（Long-Term Relationship Thinking）：人们更愿意与能够带来长期价值的伙伴合作，而不是只关注短期利益的人。

心理舒适区（Psychological Comfort Zone）：如果谈判让人感觉是“你赢我输”的博弈，人们很容易产生防备心理，而双赢模式可以让谈判变得更轻松和可持续。

2. 双赢如何促进长期合作

曾经有一家供应链公司，在供应商要求涨价时，并没有选择直接拒绝，而是提出要求：增加采购量，让供应商的单位成本降低；缩短账期，让供应商的现金流更稳定；共同开发新市场，让供应商未来的订单更稳定。

最终，供应商虽然没有得到短期的涨价，但收获了更稳定的合作关系和更大的订单量。在这种模式下，企业不仅获得了更好的供应保障，还与供应商建立了更深入的信任关系。

双赢的关键在于真正理解对方想要的是什么，而不仅仅是他们嘴上说的需求。客户要求降价，可能不是因为预算不够，而是因为他们担心投资回报率；供应商要求提高价格，可能不是想赚更多，而是因为原材料价格上涨，利润空间压缩；员工要求加薪，可能不是因为工资低，而是因为觉得自己的贡献没有得到认可。只有深入挖掘对方的真实需求，才能找到真正的双赢方案。

当然，这里也要强调，双赢并不意味着你不能争取自己的利益，而是让步要有策略，让对方觉得自己也得到了好处。

高效让步的三大原则如下。

（1）让步要换取对方的承诺："如果我提供更长的质保期，您能确认今天签约吗？"

（2）让步要逐步进行，而不是一次性妥协："我们可以在产品价格和服务时长之间找到一个平衡点。"

（3）让步要有理由，而不是无条件退让："由于我们的成本限制，价格无法再降低，但我可以增加一次免费培训。"

谈判是一场心理博弈，关键不在于谁更会压价或强势说服，而在于谁更会倾听、提问、引导和创造价值。

5.2.2 谈判的核心技巧

1. 倾听：真正理解对方的需求

很多销售人员在谈判时，总是急于表达自己的观点，试图用各种理由说服客户。但真正优秀的谈判高手，往往更擅长倾听。

为什么？因为客户的需求很多时候并不是表面上说出来的内容，而是隐藏在他们的言语背后。如果你不认真倾听，就容易错失真正的突破点。

案例：通过倾听找到客户的“隐藏需求”

有一次，我在为一家企业提供销售咨询时，客户最开始的表达是：“我们想提高销售额，但市场竞争太激烈，感觉很难突破。”如果按照一般的思维，我们可能会直接给出一些提高销售额的方法，比如加大广告投放、优化产品结构等。但我选择先深入倾听，并通过提问引导对方进一步表达。

结果发现，真正困扰客户的并不是销售额，而是销售团队的低效沟通和缺乏目标感，导致销售执行力不足。最终，我为他们定制的解决方案是重新梳理销售团队的激励机制和目标管理体系。该方案比单纯调整销售策略更有效，也让客户感受到了真正价值。

如何提升倾听能力？我们可以通过以下方法来练习。

黄金3秒法：当客户说完一句话后，不要立刻回应，停顿3秒钟，给自己时间思考，也给对方空间补充更多信息。

复述对方的话：用自己的语言总结客户的需求，并让对方确认。比如：“如果我没理解错，您希望……，对吗？”这样既能让客户感觉到被尊重，也能确保你真正理解了他们的想法。

观察非语言信号：客户的语气、表情、肢体语言等，往往能透露出比语言本身更多的信息。比如，客户频繁皱眉，可能意味着他有顾虑但不愿意直接说出来，此时你就需要主动引导他进行表达。

2. 提问：用“高质量问题”引导客户思考

优秀的谈判高手，不是靠讲道理去说服客户，而是通过精准的问题，让客户自己意识到问题，并主动寻求你的帮助。

案例：用提问帮助客户发现“销售模式的问题”

在一次企业销售咨询中，客户表示他们的销售额增长缓慢，希望找到突破口。一般的销售顾问可能会直接给出优化方案，但我选择用提问的方式引导客户自己发现问题：

“您觉得目前的销售团队，面临的最主要的挑战是什么？”

“在最近三个月中，您的团队有哪些订单没有成交？是什么原因导致客户没有购买？”

“如果做一件事能让您的成交率提高20%，您觉得会是什么？”

通过这些提问，客户自己意识到，原来问题并不是市场竞争激烈，而是销售人员在面对客户异议时，缺乏有效的回应策略。这比我直接告诉他们问题更有效，因为当客户自己发现问题时，他们更容易接受解决方案。

如何提高提问技巧？我们可以采用以下方法。

避免仅提“是/否”问题，多用开放式提问，如“您觉得目前最大的挑战是什么？”而不是“您是不是觉得市场竞争太激烈？”

引导客户思考，而不是直接给出答案，如“如果有一种方法可以让您的客户复购率提高30%，您会考虑尝试吗？”

用假设性问题激发客户的想象，如“假设有一个更灵活的合作方案，您会更容易做决定吗？”

3. 语言策略：用建设性语言拉近心理距离

语言的表达方式，决定了客户对你的态度。同样的意思，采用不同的表达方式，会带来完全不同的谈判效果。

示例1：如何避免客户产生防备心理？

错误表达：“您需要调整销售模式。”

优化表达：“我们可以一起看看，是否有更高效的销售模式。”

示例2：如何让客户感受到合作感？

错误表达：“您的营销策略有问题，应该改进。”

优化表达：“如果我们共同优化一下营销策略，可能会带来更好的效果，您觉得呢？”

这些细微的表达差异，决定了客户是否愿意与你合作。当你用更温和、建设性的语言时，客户会更容易接受你的建议，谈判的氛围也会更加积极。

谈判，不是用强势去压倒对方，而是用智慧去创造价值。真正的销售高手懂得倾听客户的需求，用高质量的提问引导客户思考，并用建设性的语言建立信任，最终达成双赢协议。

掌握了这些技巧，你会发现谈判不再是一次次的挑战，而是一次次建立长期合作关系的机会。

谈判的最高境界，是让双方都感受到价值的实现。这个理念让我在创业初期解决了一个危机。一次，为了争取一个重要的合作伙伴，我反复琢磨对方的核心需求，最终发现他们的主要顾虑在于风险控制。于是，我主动提出延长试用期并加上明确的退出机制。这一举措不仅打消了对方的疑虑，还让合作变得更加稳固。双赢谈判的本质就是站在对方的立场，找到共同利益点。

5.3 处理异议，将挑战转化为机会

在销售的过程中，客户的异议是不可避免的。许多销售人员一听到客户质疑，便会下意识地紧张、辩解，甚至产生挫败感。真正优秀的销售高手，反而欢迎异议，因为他们知道异议不仅是在表达反对意见，更是在表达自己的关注点和潜在需求。如果我们能够有效地处理异议，不仅能促成销售，还能建立更深层次的信任，提升客户对我们的产品或服务的认可度。

5.3.1　异议的积极面

1. 为什么异议是好事

很多销售新手会把客户的异议看作障碍，甚至觉得客户在刁难自己。但事实上，客户如果不感兴趣，连异议都不会提出。客户提出异议，说明他在认真思考我们的产品或服务，并希望获得更多的信息来做决定。

心理学对此的解释是，异议源自客户的决策不确定性。在消费者心理学中，有一个概念叫作“认知冲突”，意思是当人们面对不同的信息或观点时，内心会产生矛盾和不确定感，而异议正是这种矛盾的外在表现。客户之所以会质疑，往往是因为他们对产品的价值还没有完全理解；他们在过去的购买经历中受过伤害，担心再次受到伤害；他们正在比较不同的选择，希望找到最优解。

销售人员的工作就是通过有效的沟通，减少客户的决策不确定性，让他们感受到信任和价值。

2. 案例：如何将客户的异议转化为销售机会

我曾经在课程推广中遇到过一个家长，他直接对我说：“我的孩子以前报过类似的课程，根本没什么效果，你们的课程又有什么不一样？”

这时候，如果我急于辩解，直接说“我们的课程肯定有效”，客户的反感情绪就会被激发，进而产生抗拒。但我选择了先倾听，再引导。

我微笑着问他：“您是觉得以前的课程没有效果，还是觉得孩子没有兴趣去学习？”

家长思考了一下，说：“其实孩子当时挺感兴趣的，但就是学了一段时间后兴趣下降了。”

这时，我已经找到了家长产生顾虑的真实原因：不是课程本身有问题，而是孩子的学习持续性出现了问题。于是，我给他分享了一些我们独特的学习激励机制，比如如何通过舞台表演和家长互动来增强孩子的学习动力。最终，这位家长不仅报了课程，还主动介绍了朋友过来。

客户的异议往往不是表面上看到的那个问题，而是隐藏着更深层次的需求。销售人员的关键任务是在异议中找到客户真正的关注点，并用价值点回应客户。

许多销售人员害怕异议，认为客户的质疑是负面的。然而，我始终告诉我的团队：“异议是客户关心的体现，也是你发现客户需求的机会。”

有一次，一个家长当面质疑我们课程的效果，我并没有急于辩解，而是引导他讲述对课程效果具体有哪些方面的担忧。通过倾听，我发现他真正的顾虑在于孩子上课的注意力问题。

最终，我结合孩子的课堂表现给出了有针对性的学习建议，成功打消了家长的疑虑。

5.3.2 异议处理技巧：处理异议的四大核心原则

在销售过程中，客户提出异议是极为正常的现象。一个高水平的销售人员并不是回避异议，而是善于把异议当作一次深入沟通的机会。以下是处理客户异议时非常重要的四个核心原则，能帮助你从“被拒绝”转变为“被信任”。

1. 先认同，后解释

当客户表达质疑或担忧时，最忌讳的就是第一时间进行否定或反驳。这样的回应容易激发客户的防御心理，使对话陷入僵局。正确的做法是，先认同客户的感受和观点，再循序渐进地引导对方重新审视问题。

例如，客户说：“你们的课程好贵啊，比别的机构贵很多。”

◇ 错误回应：“贵是因为我们的课程质量更高。”

◇ 正确回应：“是的，很多家长最开始也有这样的想法，毕竟现在市场上有很多选择。能问问您更关注课程的哪些方面吗？”

这种回应方式的优势在于，通过先认同客户，降低对方的戒备心，让他感觉自己被理解、被尊重。在情绪放松的状态下，客户才更愿意继续沟通。接下来，通过提问引导客户进一步表达需求，你才能真正找到破局点，从而将异议转化为成交的可能性。

2. 让客户“自己说服自己”

销售人员的目标不是用自己的话去说服客户，而是让客户在交流过程中自己意识到产品的价值，也就是用提问来引导客户思考。

例如，家长担心孩子学播音主持不能真正提升表达能力，我们可以这样问：

◇ “您希望孩子在什么样的场合更自信地表达自己？”

◇ “过去孩子有没有因为表达不清楚，而错过一些机会？”

◇ “如果孩子未来能在公开场合流畅表达，您觉得对他的发展会有什么帮助？”

通过这些问题，家长会自己意识到表达能力的重要性，而不是被我们“说服”去报课。

3. 用数据和案例让客户信服

客户提出异议，往往源于对产品的价值不确定，仅靠语言解释很难完全打消他们的顾虑。要想真正建立信任，就需要借助更具说服力的证据——真实的案例和可量化的数据。两者相辅相成，一方面能唤起情感共鸣，另一方面能提供理性支撑，帮助客户做出更安心的决策。

（1）使用真实案例。每一位对产品满意的客户，都可以作为一个极具说服力的故事主角。当家长质疑“课程真的能让孩子变得更自信吗”，与其空口承诺，不如分享一段真实的成长经历：“去年有一个孩子，刚来的时候连自我介绍都不敢说，低头、结巴、紧张……但三个月后，他站在全校师生面前，在校庆典礼上完成了第一次正式演讲。当他讲完时，台下响起了掌声，他的妈妈当场落泪。”

（2）用数据增强信服力。相比抽象的描述，量化成果更容易激发客户的信任。例如：“根据我们的内部统计，在课程结束后，85% 的学员能在公开场合自如表达，表达力平均提升了 60%。”这样的表达不仅直观，而且更有说服力。

案例能产生情感代入，数据能提供理性验证。当你能够娴熟地结合这两种方式回应异议时，客户往往不再纠结于价格、品牌或比较，而是开始问自己：“这是不是我正在寻找的改变？”

4. 把异议变成销售的临门一脚

在处理异议的最后阶段，我们要把客户的顾虑转化成行动的理由，使用的方法是：转换焦点，促成决定。

客户：“我还是觉得价格有点高。”

销售：“我理解您的顾虑。但如果孩子通过这个课程提升了表达能力，将来面试、比赛，甚至在职场上更有竞争力，您觉得这样的投资是否值得？”

这时候，客户不再只关注价格，而是开始思考长期的价值，从而更容易做出购买决策。

5.3.3 处理不同类型异议的策略

针对不同类型的异议，需要采取不同的处理方式。几种常见销售异议及其应对策略，如表 5-1 所示。

表 5-1　常见销售异议类型与应对策略

异议类型	示例	应对策略
价格异议	“太贵了”	先认同，后引导价值对比，提供分期付款方案
效果异议	“真的有用吗？”	用案例和数据证明，让客户看到成功案例
品牌信任	“我没听说过你们”	展示机构的资质、荣誉和学员反馈
时间异议	“太忙了，没时间”	强调课程的灵活性，提供个性化安排
决策拖延	“我再考虑一下”	询问具体的担忧点，引导客户关注时机和优惠政策

5.4 让异议助力成交

真正优秀的销售人员，不是没有遇到过客户异议，而是懂得如何把异议转化为成交的推动力。每一次异议，都是客户向我们发出的销售信号。如果我们能够用正确的方式处理异议，让客户的质疑变成认可，那么不仅能够促成销售，还能赢得客户的长期信任。

请记住：

◇ 异议不是拒绝，而是机会。

◇ 关键不是辩解，而是引导客户自己发现产品的价值。

◇ 用数据、案例、提问，让客户说服自己。

◇ 成交不是战胜客户，而是帮助客户做出更好的决策。

掌握了这一切，你会发现，销售不再是一场攻防战，而是“信任的建立”。

处理异议，核心在于共情和专业。共情是让客户感受到被理解，而专业是通过逻辑和事实赢得客户的信任。我在演讲培训的教学中会设计角色扮演的训练，让学生扮演销售员和客户，用情景化的方式练习，让他们学会如何快速识别异议背后的需求，再通过故事化的表达或数据支持，让客户重新看待问题。这种训练让孩子们在面对各种异议时更加从容，同时也为他们建立了强大的信心。

销售，不只是技能的较量，更是情绪的掌控、智慧的运用与信任的创造。无论是处理客户的异议，还是在谈判桌上博弈，保持冷静、理解对方、传递价值，才是打开局面的关键。这些能力的培养，既能帮助你成为一个优秀的销售者，也能让你成为一个更好的沟通者和问题解决者。

第6天

非语言沟通与身体语言

7天成为销售高手

在销售领域，很多人认为语言是成功的关键。他们觉得只要口才好、逻辑清晰、话术运用得当，就能把产品卖出去。实际上，真正优秀的销售高手，不仅仅擅长用语言打动人，更懂得如何运用非语言沟通去影响客户的感受和判断。

如果说语言是桥梁，那么肢体语言就是桥梁下的基石，它虽无形，却决定了沟通这座桥梁是否稳固。很多时候，客户并非因为听懂了你的话而信任你，而是在与你互动的过程中，从你的眼神、手势、站姿以及语音语调中，感受到你是一个值得信赖的人。

我曾在一次演讲中做过一个小实验。我邀请现场几百位听众观察台上的两个人：一人双手抱胸，面无表情地站着；另一人则微笑着，身体稍微向前倾斜，并与观众保持眼神交流。随后我提问："你们愿意跟谁谈生意？"几乎所有人都选择了后者。这是为什么呢？因为人是情绪化的动物，大脑在短短 7 秒钟内就会对一个人做出判断，而且这个判断 70% 以上来自非语言信息，而非对方说了什么。

这就是非语言沟通的力量。它是信任的前提、影响力的催化剂、成交的隐形推手。许多顶级销售高手，往往不是靠一张能言善辩的嘴，而是靠一种让客户感到踏实、可信，甚至愿意主动靠近的气场。这种气场，正是通过非语言沟通营造的。

心理学上有个著名的概念叫“首因效应”，它指的是第一印象对人的长期影响。当客户第一次见到你时，其潜意识会自动分析你的肢体语言、眼神、语调，并在短时间内判断你是值得信任的，还是需要保持距离的。这种第一印象，往往比你滔滔不绝的介绍更为重要。

曾经有位做高端培训的朋友跟我分享了他的故事。创业初期，为了谈成一个大客户，他精心准备了一套非常完整的方案。但当他走进会议室面对客户时，因为紧张，他的手无意识地交叉放在胸前，声音也显得僵硬。客户全程没有什么表情，谈话仅仅持续了 15 分钟，对方就说“我们再考虑一下”。最终，这笔单子没谈成。

后来，他请了一位销售导师指导自己，这才意识到问题出在非语言沟通上。他的肢体语言无意间传递出防御和缺乏自信的信息，让客户下意识地觉得他不可靠。于是，下一次见客户时，他刻意调整了站姿，双手自然放松，微笑着打招呼，并主动伸手握手。从那之后，他的成交率明显提高了。

很多人以为销售的关键在于“说什么”，实际上“怎么说”才是关键。“怎么说”不仅涉及语言本身，还涉及站姿、眼神、手势、表情，甚至是停顿和语速。

神经科学研究表明，人类拥有一种特殊的神经元——镜像神经元，它使我们在与他人交流时，会不自觉地模仿对方的情绪。也就是说，你的状态会直接影响客户的状态。如果你释放出焦虑、不自信的信号，对方也会在潜意识中感受到这股紧张的能量，从而不愿意深入交流；而如果你展现出从容、自信、充满热情的状态，对方的大脑会自动产生一种信任感。

这种现象在心理学中也被称为“情绪共鸣”，意思是情绪可以像病毒一样在人与人之间传播。一个优秀的销售员，能够利用自己的非语言表达，主动向客户传递信心、信任感和购买的动力，而不是让客户感受到压力和疑虑。

这就解释了为什么在销售中那些真正能够感染人的销售员，往往都是充满热情、真诚微笑、语气有力的人。他们不只是“讲”产品，而是用整个身体语言去传递一种信任感，让客户在潜意识里愿意靠近他们。

6.1 身体语言的力量与解读

在销售行业，有一个非常有趣的现象：当一个销售人员在介绍产品时，如果他的语调兴奋、眼神坚定、手势自然，客户往往会不自觉地受到感染，表现出更积极的反应。但如果销售人员的语气犹豫、声音低沉、目光飘忽，客户也会表现得很冷淡，甚至开始找各种理由拒绝。

这就是心理传染效应的体现。你的情绪和状态，就像是一面镜子，客户会不自觉地根据你的状态做出反应。

我之前有个学员，是一名保险销售员。我在培训他表达能力的过程中知道他的产品知识其实非常扎实，但不知道为什么业绩一直平平。后来，他找到我，他不知道自己在表达上有什么问题，只希望能提升自己的销售能力。经过观察，我发现他在与客户交谈时，语速过快、眼神飘忽不定，而且在客户提出异议时，他的语调会变得低沉、吞吞吐吐。这些看似微小的细节，实际上正在向客户传递一个信号："我自己都不太相信这个产品。"

于是，我让他练习在客户面前控制自己的语音语调，同时调整肢体语言，让他的手势更加稳重，眼神更加坚定。三个月后，他的业绩翻了一倍，还受到了公司的提拔，因为他学会了如何用非语言沟通来提升客户的信任感。

所以，如果你想让客户更积极、更愿意相信你，首先要调整自己的状态。你可以问自己：

◇ 我的眼神够坚定吗？

◇ 我的语气是自信而有力的吗？

◇ 我的站姿、手势是否让人感觉自然和开放？

◇ 我的微笑是否足够真诚？

当你开始有意识地调整这些非语言表达时，你就能让客户在潜意识里更容易接受你，并更倾向于购买你的产品。

6.1.1 身体语言的科学研究

心理学家阿尔伯特·梅拉比安的研究显示，在面对面交流中，超过55%的信息是通过非语言形式传递的。换句话说，即使你的语言再有逻辑，若身体语言传递出矛盾或不自信的信息，你的沟通效果也会大打折扣。在多年的口才教学中，我经常要求学生录制自己的演讲视频，并观察自己在舞台上是否有重复的小动作、缺乏感染力的肢体表达。这些无声的信息，往往比说出口的文字更具有分量。

6.1.2 身体语言的元素与解读

身体语言不仅仅是简单的动作，它更像是一套复杂的符号系统，每个细节都在向对方传递信息。一个优秀的销售人员，不仅要学会如何运用自己的身体语言来增强影响力，更要懂得如何精准解读客户的身体信号，以便调整沟通策略。

在销售情境中，身体语言的解读可以分为几个关键元素。

1. 肢体开放 vs 肢体封闭

肢体开放：站姿自然、双臂放松、手势大方、眼神稳定，传递自信和欢迎的信号。

肢体封闭：双臂交叉、手肘贴近身体、双手紧握或藏在口袋里，通常代表防御、焦虑或不信任。

曾有一位家长带着孩子来试听课程，我们的销售顾问在讲解课程内容时，注意到家长双手紧握包带，手肘靠近身体，这是一种典型的“防御姿态”。她的身体语言表明其并不完全放松，可能带有怀疑或担忧。

此时，销售顾问应主动为她递上一杯温热的茶水，稍微放慢语速，同时让她的孩子在一旁自由体验课堂氛围。五分钟后，她的坐姿逐渐放松，双手不再紧握，而是开始摆弄茶杯，这说明她的防御心理正在降低。最终，她愉快地报名了课程。

这就是销售中身体语言解读与策略调整的具体应用。如果当时没有注意到她的肢体语言，而是继续以强势销售的方式推进，她很可能会感到被施压，从而选择离开。

2. 身体倾斜角度：兴趣 vs 疏远

身体前倾：代表对话题感兴趣，愿意继续深入交流。

身体后仰：可能表示对话题不感兴趣，或在心里想要保持距离。

在一次企业培训课程的销售过程中，团队曾遇到一位企业人力资源负责人。他在听完介绍后，没有急于回应，而是轻轻向后靠在椅背上，同时双手交叉放在桌面上。对于这种姿态，有两种可能的解读：

◇ 他在评估信息，并不是完全拒绝，而是在思考是否值得投资。

◇ 他对课程内容持保留态度，想要看看我们能提供哪些额外价值。

于是，我们调整了策略，没有直接催促他下决定，而是主动询问他的需求，并针对他的企业痛点提供了一些定制化的解决方案。随着对话的深入，他的身体逐渐前倾，双手也从交叉变成了轻松摆放。最终，他决定为整个团队购买年度培训课程。

解读客户的身体倾斜角度，可以帮助销售人员判断客户的心理状态，并及时调整沟通方式，以提高成交率。

3. 眼神交流：信任 vs 逃避

稳定的眼神交流：代表自信和信任，能够增强沟通的说服力。

眼神飘忽、频繁躲闪：可能表示客户感到不安、犹豫，或者缺乏兴趣。

在高端产品销售中，客户的决策往往需要较长时间。一次，我们的一位销售顾问在与客户交谈时，发现客户的眼神一直游离不定，并且频繁看向门口。通常，这表明客户对当前的对话并不专注，可能在考虑是否要结束交流。

于是，我们立即调整策略，用简洁有力的语言总结核心价值，并主动提出一个简单的问题："如果今天可以为您提供一个专属的课程折扣，您会考虑吗？"这个问题的设计目的是让客户的注意力重新回到谈话中，并促使他们做出反应。

4. 手势的使用：增强说服力 vs 削弱说服力

大方的手势：适当的手势可以提高表达的清晰度，并让客户更容易接受信息。

过多或刻意的手势：可能会让客户感到不安，甚至还会降低你的专业度。

很多人可能不知道，手势的方向也会影响客户的心理反应。心理学研究表明：

掌心向上（开放手势）：表示欢迎、友好和信任，容易让客户感到放松。

指指点点（攻击性手势）：可能会让客户产生压力，甚至让他们下意识地进入"防御模式"。

手势靠近身体：表示自信和稳重，如果手势过于夸张，则可能显得不够专业。

在销售过程中，我们可以刻意使用开放手势，让沟通更加自然流畅，比如在介绍产品时，手掌微微向上摊开，而不是紧紧抓住笔或产品说明书。这样会让客户更容易接受我们的信息。

6.2 面部表情、眼神交流与空间距离的运用

在销售沟通中，身体语言不仅包括手势和姿态，面部表情、眼神交流和空间距离同样在潜移默化地影响着客户的决策。优秀的销售人员不仅要掌握语言表达技巧，更要熟练运用这些“无声的沟通”，让客户在不知不觉中建立信任感，并对你的产品或服务产生兴趣。

心理学研究表明，人的大脑在接收到信息时，会优先处理视觉信号，其次是听觉信号，最后才是语言内容。这意味着在客户决定是否信任你之前，你的面部表情、眼神交流以及他与你的空间距离，早已传递出大量潜在信息。

6.2.1 面部表情的微妙传达

我们常说，眼睛是心灵的窗户。实际上，面部表情是更完整的情绪表达载体。它不仅能让客户感受到你的态度，还会影响你自己在谈判或销售中的表现。

1. 微笑的力量：信任的第一步

美国心理学家保罗·埃克曼的研究发现，人类的微笑分为两种：杜显微笑和社交微笑。杜显微笑是真诚的微笑，涉及眼部肌肉的自然收缩，能够激发信任感。社交微笑则是礼貌性的

微笑，主要由嘴部肌肉控制，缺乏情感上的温度。

在销售过程中，客户能够分辨出微笑的真伪。一个真诚的微笑，能够迅速拉近心理距离，让客户放下戒备，更愿意听你说话。

我有一位学员，刚开始做销售时，客户总觉得她不够亲切，不愿意深入沟通。后来，我们要求她在镜子前反复练习“杜显微笑”，调整嘴角上扬的角度，并通过真诚的眼神配合微笑。几个月后，她的成交率提高了30%，客户的评价也变得更加积极。

2. 面部放松，避免紧绷感

紧张的面部肌肉会影响你的声音和表达，使你的语气显得不自然，甚至会让客户觉得你在隐藏什么。尤其是在谈判或进行异议处理时，过于严肃的表情可能会让客户产生不安情绪，导致沟通受阻。

调整方法：

◇ 练习在镜子前说话，观察自己的面部表情是否自然。

◇ 每次销售谈话前，做一些简单的面部放松练习，比如深呼吸或进行面部肌肉拉伸。

◇ 在客户表现出疑虑时，适当地用点头、微笑等动作表示理解和接纳，而不是紧皱眉头或面无表情。

6.2.2 眼神交流与空间距离的心理学

在销售过程中，我们不仅是在“说服”，更是在“呈现”。

客户往往不是被话语本身所打动，而是被你整个人的气场、状态以及身体语言所感染。身体语言的核心，就是眼神与空间距离。

1. 眼神交流的频率与时机：建立信任的第一印象

眼神是人与人之间最直接的沟通桥梁。在销售的第一分钟，客户感知你是否可信，在很大程度上来自你的眼神。

理想的眼神交流频率是：在对话过程中，有 50%~70% 的时间注视对方的面部，尤其是眼睛。但这种注视不应是死盯，而是有节奏、自然地互动。眼神的交流要有节奏，有看、有移开、有回应，只有这样才会让对方感到舒适。

实战应用：

开场三秒直视：初次见面时，用三秒眼神接触传达自信和尊重。切忌边说话，边东张西望或看手机。

表达重点时对视：在介绍课程亮点、成果或解决方案时，适度看向对方，增强说服力。

倾听时柔和注视：客户表达疑虑时，用轻柔的眼神注视，强化“我在认真听你”的情绪链接。

2. 眼神的方向：影响客户的心理感受

心理学研究表明，眼神的方向和角度也会影响客户对你的印象。

◇ 平视对方：表现出尊重和平等沟通的态度。

◇ 眼神稍微向下（5° ~10°）：表现出专注和倾听。

◇ 过度向下俯视：可能会让客户产生压迫感，甚至威胁感。

◇ 频繁低头回避眼神：容易让客户觉得你不够自信，或者有隐瞒信息的嫌疑。

空间距离同样重要。心理学研究将人与人之间的距离分为四种：亲密距离、个人距离、社交距离和公共距离。在销售场景中，恰当地调整与客户的距离，可以提高对方的舒适感。例如，面对犹豫的客户，保持适中的社交距离，辅以适当的前倾姿态，会显得更加专注且尊重对方。

如何运用空间才能让客户感觉比较舒服呢？这里给出几个建议。

面对面销售：一般保持45~120厘米的距离，让客户既不会感到压迫，也不会觉得你太冷漠。

小组沟通：如果是在多个客户面前介绍产品，可以选择120~200厘米的距离，既有互动感，又不会显得太近。

调整空间距离：如果客户不自觉地往后退，说明他可能感到了压力或不信任，这时候可以微微后撤一步，让对方感到舒适。

6.3 创造有利于销售的物理环境

销售不仅仅是一场人与人的沟通，更是一场精心策划的心理体验。人是环境的产物，物理空间的设计、氛围的营造、灯光的搭配、座位的安排，甚至空气中的香气，都会影响客户的情绪和决策。优秀的销售人员往往会主动塑造一个有利于成交的环境，让客户在不知不觉中放松警惕，增加信任，并更容易做出购买决定。

心理学家约翰·巴格（John Bargh）认为人的决策会受到周围环境的潜在影响，而不是完全基于理性判断做出的。换句话说，一个温暖、专业、舒适的环境，会让客户更愿意听你讲解，并增加他们做出正面决策的可能性。

6.3.1 环境心理学在销售中的应用

环境会对人的行为和决策产生潜移默化的影响。人类感知到的 80% 的信息来源于视觉，因此，销售场景中的环境设计，首先要关注视觉感受。如果你的销售场所显得杂乱无章、灯光昏暗、装饰过于随意，客户的第一印象就会大打折扣。

在我的校区设计中，始终坚持以柔和的灯光、温暖的色调以及开放式的咨询台来打造信任感。这种环境设计使客户更容易与我们进行深度沟通。这是源于色彩心理学在销售环境中的应用。

（1）不同的色彩，会影响人的情绪和决策。麦当劳、可口可乐的品牌色为何是红色？星巴克的店面为何以绿色为主？这背后都蕴含了色彩心理学的精妙运用。

红色：刺激消费、增强冲动购买欲，但过多使用可能会带来压力。

蓝色：传递信任和专业感，适合高端销售场所，如银行、企业咨询场所。

绿色：营造放松氛围，适合长期沟通，如教育培训、健康咨询。

黄色：吸引注意力，适合促销场合，但不宜大面积使用。

应用建议：在销售场所的墙面、桌面、宣传材料上，使用能够传递信任和专业感的色彩。适当加入温暖的色调，如木色、米色，可以让客户感到舒适和安心。避免杂乱、过度鲜艳的颜色组合，以免造成视觉疲劳。

（2）光线不仅会影响客户的情绪，也会影响客户的购买决策，一定要打造温暖的洽谈空间。

柔和的暖光（如黄光、暖白光）：让客户更放松，适合需要深入沟通的销售场景，如教育培训、保险、房地产。

明亮的冷光（如白光）：让人更专注，适合短时间决策的销售，如科技产品、汽车展厅。

我们曾对两家门店的灯光进行了分析，A校区的咨询室一开始采用明亮的白光，客户平均沟通时长为15分钟；B校区采用暖黄色光源，并配合木质桌椅、柔和的背景音乐，客户平均沟通时长达28分钟，报名率也较A校区高30%。

结论很简单：温暖的灯光能让客户更愿意停留，更容易信任你的服务。

（3）人的感知不仅限于视觉，听觉和嗅觉同样会影响客户的决策，我们要让环境“说话”。

① 背景音乐的选择：优化购买体验。背景音乐是营造销售氛围的隐形推手。一项研究表明，在超市播放缓慢的轻音乐时，顾客的购物时间平均延长了38%，消费金额增加了22%。

缓慢、舒缓的音乐（如爵士、轻音乐）适用于高端销售场景，如奢侈品、教育培训等。

轻快、节奏感强的音乐（如流行音乐）适用于快节奏消费场景，如服装、电子产品。

无音乐或嘈杂环境：容易让客户焦躁、不耐烦，影响购买决策。

星巴克的背景音乐通常是爵士或轻音乐，在这种氛围中顾客愿意多待一会儿，从而增加消费概率。同样，销售环境中的音乐也应该与目标客户群体匹配，只有如此才能真正提高成交率。

②气味营销：增强客户的心理认同。嗅觉是人类最原始的感官之一，一种熟悉或舒适的气味，能够激发人的愉悦感，并影响人的决策。

咖啡香能提升信任感，适合教育培训、商务咨询；木质香、草本香会让人放松，适合高端服务行业，如奢侈品店、健身会所；柑橘类香气会让人精神振奋，适合短时间高效销售场景，如展销会、快消品店铺。

我们每家门店都统一放的是橙子香氛，这是因为我们的商标和色调都与橙子做了结合，这样更能够凸显品牌的特性。

6.3.2 物理环境的细节打造

在销售场景中，细节决定成败，一个被精心设计的物理环境，能够在潜移默化中影响客户的情绪和决策。客户不会直接告诉你是什么让他们感到安心或信任，但一个干净整洁的桌面、一杯温暖的茶水、一抹恰到好处的香气，可能比任何销售话术都更能打动人心。

优秀的销售人员懂得如何用环境的细微之处去塑造专业感和舒适感，让客户在无形之中放下戒备，进入愿意沟通和接收信息的心理状态。

人类的大脑天生喜欢有秩序、整洁的环境。一个凌乱的办公桌、一堆无序摆放的宣传资料，都会在潜意识里给客户传递“混乱、不专业”的信号。相反，一个整洁的工作空间，则能让客户第一时间建立信任感。所以销售人员要学会桌面布局，打造“专业感”第一印象。

桌面不仅仅是一个摆放物品的地方，它代表着你的工作方式、思维逻辑，甚至会影响客户对你的整体评价。

简洁但不空荡：桌上应有适量的物品，如笔记本、宣传册、一个摆放整齐的文件夹，这能展现有条理的工作习惯。

避免杂乱无章：如果客户看到你的桌面上堆满了文件、废纸、吃剩下的零食，信任感会大打折扣。

适当点缀：一盆小巧的绿植、一条励志的标语，都能增强氛围感，让客户感到放松。

有一次，我们接待了一位对培训课程兴趣不大的家长。他一进来，看到桌面上摆放整齐的学员作品集和奖杯，顿时表现出兴趣。他随手翻开一本学员演讲案例手册，看着其中的成长故事，情绪开始变化，最终主动询问课程详情，并为孩子报了名。

销售不仅仅是靠语言取胜，环境本身也是销售的一部分。当你的工作空间传递出专业性时，客户就更容易相信你的产品和服务。

人天生喜欢被尊重和关注。见面的方式，决定了客户的第一感受。一个精心设计的见面流程，能让客户迅速进入信任状态。见面的三要素有温暖、体贴、仪式感。

温暖的接待：销售不是单向推销，而是关系的建立。一个温暖的问候、一杯提前准备好的茶水，比任何推销话术都更能让客户放松。

个性化体贴：如果客户带着孩子，可以准备一些小玩具或绘本；如果客户是商务人士，可以提供一份行业相关的书籍或杂志，都会让他们感受到细致入微的服务。

仪式感的塑造：可以设计一个孩子的身份卡，写上学员的名字，如“欢迎乐乐同学加入”，这种细节会让客户产生归属感。

销售不仅是语言艺术的展现，更是全方位的沟通体验。在人与人的互动中，非语言沟通往往比言辞更有力量。从自信的站姿、稳定的眼神交流，到开放的肢体动作，每一个细微的身体信号都会影响客户的信任感。一个真诚的微笑可以化解陌生感，一个恰到好处的前倾动作可以传递兴趣，而精心营造的物理环境则能悄无声息地提升客户的舒适度和购买意愿。

在销售过程中，优秀的销售人员不会只关注话术，而是全身心地投入去表达信任、专业与热情。他们懂得如何借助姿态、眼神、手势去引导客户的心理预期，如何用环境、声音、香气去塑造客户潜意识中的好感。真正的销售高手，能够让客户在不知不觉中放下戒备，建立情感联结，最终更轻松、更愉悦地做出购买决策。

销售不是说服，而是引导；不是强推，而是共鸣。非语言沟通正是这场共鸣中最强有力的无声语言。

第7天

销售高手的心态养成

在销售领域，心态是决定销售成败的关键因素。在销售这条路上，我见过太多天赋异禀但最终半途而废的人，也见过无数起步平平但凭借顽强的毅力逆袭成为行业标杆的人。决定销售成败的，不是你有多会说，而是你是否有一颗“百折不挠”的心；能否在客户拒绝十次后，依然微笑着迎接第十一次挑战；能否在面对压力、竞争和困境时，不被负面情绪吞噬，而是找到突破口，实现自我成长。

销售，不是单纯的产品介绍，也不仅仅是技巧的比拼，而是一场长期的心理战。这不仅仅是你和客户的心理战，更是你和自己的心理战。

在销售过程中，你每天都要面对形形色色的客户，他们可能冷漠、可能挑剔、可能不信任你。你的工作就是在这样的情况下，用积极的心态去感染客户，用坚定的信念去影响客户的决策。只有相信自己的产品，相信自己的价值时，你才能带动客户产生同样的信念。如果你自己都半信半疑，客户自然不会买单。

更重要的是，销售是一个“高拒绝率”的职业，你不可能让每一个客户都买单。很多新手销售员刚开始做业务时，最大的问题就是害怕被拒绝，听到客户说“不需要”，就开始怀疑自己，甚至想要放弃。销售高手都明白一个道理：拒绝是销售的一部分，甚至可能是成交的开始。

我认识一位销售高手，他告诉我：“每次被拒绝，我都不会觉得难受，反而感到兴奋。因为我知道，每拒绝一次，就代表我离成交更近了一步。”他的逻辑很简单，如果平均10次拒绝才能迎来1次成交，那么每一次拒绝，实际上都是在为下一个成交点积累经验。这种对待拒绝的心态，正是销售高手与普通销售员的最大区别。

我们可能会发现，你状态好的时候，客户特别容易被你说服；而当你心情低落、缺乏信心时，客户似乎也总是找各种理由推脱。这并不是巧合，而是心理学上的情绪共鸣效应在起作用。

心理学家发现，人类的情绪具有传染性。当你充满热情、信心十足地与客户沟通时，客户的情绪也会受到影响，更容易感受到你的真诚和积极。如果你的心态崩溃，说话没有力量，客户在潜意识中会感受到你的不安，自然不会轻易买单。

很多销售新手在遇到困难时总喜欢问：“为什么客户总是拒绝我？”优秀的销售高手从不问这样的问题，因为他们知道，销售本质上是一个概率游戏。如果你每天打10个电话，成功率只有10%，那么你必须打满100个电话，才能确保拿下10个客户。决定你能否成功的从来不是一次成交，而是你愿意坚持多久。

美国著名的销售培训大师布莱恩·特雷西曾经说过：“销售冠军之所以成为冠军，不是因为他们比别人更幸运，而是因为他们在别人放弃的地方，继续前进了一步。”这句话揭示了销售的核心：所有伟大的销售业绩，都是靠长期的积累换来的。

我认识一位房地产销售高手，他的秘诀就是无论刮风下雨，每天都坚持去拜访陌生客户。即使一天跑十几个小区，可能只有一两个人愿意跟他聊，他依然保持乐观，毫不气馁。五年后，他成了行业佼佼者，年收入破百万。

由此可见，销售高手和普通销售员的区别，从来不在于天赋，而在于面对困难时能否坚持。观察任何一个行业的销售高手，我们会发现他们都有一个共同点：无论面对多大的挑战，内心都比普通销售员更强大、更稳定。具体体现在以下几个方面。

（1）即使被拒绝也毫不退缩。普通销售员害怕被拒绝，销售高手却把拒绝当作成长的机会。他们不会因为客户的一句“没兴趣”就灰心丧气，而是继续寻找新的突破点。因为他们知道，每一次拒绝的背后，隐藏的都是成交的可能。

（2）即使面对压力，依然能够高效发挥。销售是一份高强度的职业，每天都要承受业绩压力、竞争压力、市场变化压力。如果内心不够强大，很容易在压力面前崩溃。销售高手之所以能保持高业绩，正是因为他们能在压力之下依然保持专注，找到突破口，不被压力击垮。

（3）能够持续成长，成为更好的自己。销售行业有一句话："不是销售这份工作改变了你，而是你的心态决定了销售能给你带来什么样的成长。"一个真正的销售高手，从来不会停留在自己的舒适区，而是不断挑战自己，让自己变得更优秀、更强大。

培养积极的心态、进行有效的时间管理、保持自律以及坚持终身学习，都是成为销售高手的有效途径。

7.1 积极心态的力量

积极的心态不仅能提升个人的幸福感，还能显著影响职业表现。积极心理学强调，通过关注个人优势和积极情绪，可以增强应对挑战的能力。在销售中，积极的心态有助于与客户建立信任，提升销售业绩。

积极心态并不意味着完全没有消极思想的存在，而是强调在面对生活中的各种情境时，努力让积极的思维占据主导地位。当我们保持身心舒畅时，往往会自然流露出快乐的神情，感受到一种莫名的幸福感，周围的事物在我们眼中也变得更加美好。这正是"一处风景便是一种境界"的体现。因此，要想体会更有深度的乐趣，首先需要调整我们的感受方式。

培养良好的感受能力，需要善待自己的心灵，积极思考。我们的感受决定了我们对世界的认知。积极思考的人会有意识地保持愉悦的心情，这是人生的基本法则。相反，生活在愤懑、怨恨、自私或灰色思想中的人，必须先对自己的思想进行彻底的清理，才能享受到人生的乐趣。否则，积极的光芒将无法穿透内心的阴霾。那些能够向前看、对未来充满期待，并相信好事情即将发生的人，通常都是拥有积极心态的人。

正如清华大学心理学教授彭凯平所言：“人觉得自己有效能、有价值、有意义时，特别容易产生积极的力量。”由此可见，积极心态不仅是对外界的乐观态度，更是对自我价值的认可和追求。

7.1.1　积极心理学的应用

积极心理学研究表明，专注于个人优势和积极情绪，可以提高工作效率和生活满意度。销售人员可以通过识别自身优势，培养积极情绪，提升应对挑战的能力。

积极心理学是一门研究人类积极情绪、特质和组织的科学，旨在提升人们的幸福感和生活满意度。它强调关注个人的优势和美德，而非仅仅纠正缺点。在实际应用中，积极心理学已深入教育、职场和个人成长等领域，产生了显著的积极影响。

1. 教育领域的应用

在学校教育中，积极心理学被用于培养学生的积极情绪和品格。例如，教师通过引导学生发现并发挥自身的优势，增强学生的自信心和学习动力。此外，学校还开展感恩教育和乐观训练，帮助学生建立积极的生活态度。这些实践有助于提高学生的心理健康水平和学业表现。

2. 职场中的应用

在工作环境中，积极心理学被用于提升员工的幸福感和工作效率。企业通过营造积极的组织文化，关注员工的优势和发展，促进团队合作和创新。例如，实施积极的反馈机制和员工关怀计划，能够增强员工的归属感和提升敬业度，从而提高整体绩效。

3. 个人成长中的应用

在个人生活中，积极心理学提供了多种提升幸福感的方法。例如，培养感恩之心、练习正念冥想和设定有意义的目标，能够增强个人的心理韧性和满足感。这些方法有助于人们更好地应对生活中的挑战，提升整体生活质量。

通过在各个领域的应用，积极心理学为人们提供了实用的工具和方法，帮助他们发现并发挥自身潜力，过上更充实和有意义的生活。

7.1.2　培养积极心态的策略

作为一名演讲口才老师，我发现经常做演讲有利于培养积极心态。我也探究过背后的原因，演讲对培养积极心态的作用有以下几点。

（1）**自信心的提升。**演讲需要在众人面前表达观点，这一过程有助于增强自信心。随着演讲经验的积累，演讲者会更加相信自己的能力，进而形成积极的自我认知。

（2）**情绪的正向反馈。**成功的演讲通常会获得观众的认可和赞赏，这种正向反馈能带来积极的情绪体验，进而强化积极心态。

（3）**思维的积极导向。**演讲者需要深入思考并组织内容，这一过程促使其更加关注事物的积极面，可以培养乐观的思维方式。

（4）**社交互动的增强。**演讲提供了与他人交流的机会，丰富的社交互动有助于建立支持性的人际关系网络，提升心理健康水平。

（5）**压力管理能力的提高。**频繁的演讲经历使演讲者更善于应对压力和挑战，能培养出更强的心理韧性和提出积极的应对策略。

我们综合以上几点会发现，经常演讲的人通过自信心的提升、情绪的正向反馈、积极思维的培养、社交互动的增强以及压力管理能力的提高，心态会变得更积极。

在这里，给大家分享一些有效的实操策略。

◇ 自我肯定练习：每天早晨，对着镜子微笑，并对自己说积极的话语，如“我有能力影响他人”“我的演讲会带来积极的改变”。这种自我肯定有助于建立自信，迎接新的一天。

◇ 设定明确的目标：为每次演讲设定具体且可实现的目标，如“今天我要与观众建立更深的联系”“我将清晰地传达核心信息”。明确的目标能引导自己形成积极的思维，减少焦虑。

◇ 积极的自我对话：在演讲前，避免负面自我对话，如“我会出错”“观众可能不喜欢我”。取而代之的是积极的自我对话，如“我已充分准备”“观众期待听到我的观点”。

◇ 可视化成功：在演讲前，闭上眼睛，想象自己在舞台上自信地演讲，观众专注聆听并给予积极反馈。这种可视化练习能增强自信，培养积极心态。

◇ 练习感恩：每天记录三件让你感激的事情，无论大小。感恩练习能转移注意力，减少负面情绪，培养积极心态。

◇ 寻求反馈并持续改进：积极寻求他人的反馈，将其视为成长的机会。即使是批评，也能帮助你发现改进空间，保持积极的学习态度。

◇ 保持健康的生活方式：规律的运动、均衡的饮食和充足的睡眠对心理健康至关重要。身体的健康状态会直接影响心态的积极性。

◇ 参与积极的社交活动：与积极乐观的人交往，参加能带来正能量的活动，如志愿服务或兴趣小组。积极的社交环境能改善你的心态。

7.2 时间管理与自律

有效的时间管理和自律是高效工作的基础。许多成功人士都是通过严格的时间规划和自律，取得了卓越的成就。

7.2.1 保持“间歇性习惯”不被打乱的方法

你是否曾尝试养成一种“间歇性习惯”，最终却半途而废了？比如，每周锻炼 3 ～ 4 次，或者只在工作日早起，而非每天都早起。你也许会遇到这样的问题：每天都做一件事，通常比较容易坚持下去。但如果把某些日子当作“休息日”，暂停做这件事，等到下一个“非休息日”重新开始时，往往就会变得很困难。

再具体一点，如果你从周日到周四都坚持早睡，但在周五和周六则会熬夜，那么周日的早睡就会变得更加困难，甚至有可能再次选择熬夜。渐渐地，你会发现，所谓的“休息日”变成了常态，你的习惯也在不知不觉中被打破了。

那么，如何保持这些间歇性习惯并让它们不被打乱呢？以下是几种简单的策略，可以帮助你更轻松地坚持下去。

1. 将间歇性习惯转化为持续性习惯

有时候，即使在非必要的日子里也继续执行一种习惯，实际上并没有那么难。这样做的好处是，养成的习惯更为稳固，且不易被打破。

作为演讲老师，我的工作需要频繁进行演讲和教学，这要求我每天都要有一种高度集中的状态。起初，我并没有意识到这份工作本身就要求我保持一种高度的持续性。刚开始，我会计划每周进行 3 次演讲练习，每周锻炼 4 次，以确保自己的身体和心理处于最佳状态。然而，随着工作量的增加，我发现自己偶尔会因为加班或者私人事务而错过某些锻炼或演讲练习。这时，我逐渐认识到，如果我把这些习惯限制在某几天，而不是每天都坚持，那么我会感到更加困难。

于是，我决定将间歇性习惯转化为持续性习惯。我开始尝试每天早晨进行简短的演讲练习，即便是只练习 15 分钟，甚至有时只是朗读几段经典演讲的片段，这样做能够让我保持自己的表达状态。这看似微小而简短的改变，却让我感觉到了巨大的提升，每次演讲和训练都让我更加自信，工作中也更加从容。

这也让我意识到，将一种间歇性习惯转化为持续习惯是非常有效的，尤其是在面对复杂和不断变化的工作环境时。就像我现在创业，我将每日的团队沟通和思考工作作为固定的例行任务，这不仅仅是为了公司的运营，更是为了确保自己始终保持清晰的战略思维。

有时，看似每天都坚持一种习惯比较难，但实际上，保持一致性是关键。让它成为每天固定的一部分，习惯反而会更稳定。这种持续性习惯的维护，不仅在于每天去做它，而是在于不让它因为某一天休息而受到影响。

2. 为休息日设置替代习惯

如果你不想在休息日完全放弃某种习惯，可以为休息日设置一种替代习惯。这样即使不是执行原本的习惯，你依然能保持一定的节奏。

比如我在创业过程中学会了如何平衡高强度的工作和休息。作为创业者，工作通常是不分昼夜的，一旦安排了休息日，往往会彻底放空，这种放松可能会让我在下一周恢复工作状态时感到非常困难。尤其是在刚开始创业时，这种休息往往会被拖延或打乱，甚至变成懒散的借口。

为了避免这种情况，我决定为休息日设置替代性习惯。例如，我在工作日锻炼，周末进行一些轻松的散步或冥想，这不仅能够让我的身心得到放松，同时也能保持身体的活力。通过这种方式，我避免了周末完全放空的状态，让自己始终保持一种健康的节奏。

我发现，在创业中为休息日设置一种替代习惯，能够避免让自己进入极端状态——过度工作或完全不工作，这种平衡为我带来了更多的精力和动力，尤其是在面对创业中的不确定性和挑战时。

3. 建立“习惯链”

另一种行之有效的方法是通过建立“习惯链”来帮助自己维持这些习惯。“习惯链”指的是把一种习惯连接到另一种习惯，从而形成一种自然的行为流程。只要链条中的第一种习惯得到坚持，后面的习惯就能顺利地接上。

例如，在每天的“习惯链”中，早上起床后首先进行冥想或简单的思维整理，接着进行15分钟的语言表达练习，最后再进行一段时间的身体锻炼，这样的链条让我在保持高效的同时，不会感到有任何负担。

所以，建立“间歇性习惯”的一种好方法，是将它放在一个更长的“习惯链”中。这样，即使你错过了某个环节，其他习惯仍能自然而然地接着进行下去，可以避免习惯链中断的风险。

4. 做出具体承诺

当你制定间歇性习惯时，一定要设定一个清晰的承诺，明确什么时候做，而不是模糊地说“我每周锻炼3~4次”。如果你给自己设定了一个具体的时间点，比如“我会在周一、周三、周五、周六的早上6：30去健身房锻炼30分钟”，这个承诺就变得更加有力度，更加容易执行。

把这些承诺的时间点标注在日历上，甚至用粗体字呈现出来，让它成为生活中的固定部分。当计划变得具体且不容改变时，执行起来会更有动力。只要在设定的时间去做，不给自己留太多的退路，坚持下去的概率就会大大提高。

在创业之路上，我深知承诺有多么重要。作为团队领导者，是否能保持执行力并鼓舞团队士气，往往取决于能否做到言行一致。我会在每周会议中和团队成员共同设定具体目标，明确每项任务的完成时间。例如，“我们将在本周五完成市场调研报告，并在周一的全员会议中呈现成果”，这种具体承诺能够让大家明确该做什么，同时避免拖延。

同样，在个人的时间管理中，我会为自己设定具体的时间表。例如，“我会在每周三、周五的早晨进行一次30分钟的深度思考，计划未来的战略发展”，这样的承诺能够避免目标模糊不清，让我能够在忙碌的创业生活中腾出时间来思考和规划未来。

5. 给自己设定一个“容错期”

工作中，无论我们如何努力，还是会出现一些无法预料的事情。这时候，给自己设定一个“容错期”就显得非常重要。比如，若你因为身体不适或者工作压力较大错过了一个锻炼日，不要过于自责或打乱整体计划。相反，应该调整心态，第二天继续按计划进行，避免陷入“做了一次错事就全盘放弃”的陷阱。

总之，无论是持续性习惯还是间歇性习惯，它们的维持都离不开一种系统性的思考和长期的坚持。我们不能因为一时的困难或者“休息日”的放松就彻底放弃，而应当通过策略性的调整、为休息日设定替代习惯以及建立习惯链等方式，使自己在无形中保持这份习惯的稳定性。

最重要的是，要做到对自己有承诺，且设定明确的目标。这种明确性不仅能够为你提供前行的动力，还能在面对挑战时为你提供额外的支持。每一次坚持，每一次调整，都会让你离目标更近一步。

7.2.2　高效时间管理技巧

高效时间管理是许多人追求成功的关键技能之一。在演讲和创业生涯中，我发现时间管理不仅能帮助自己提高工作效率，还能让自己保持清晰的思维和充沛的精力。以下是我总结的一些高效时间管理技巧，结合了名人案例和自身的经验，希望能为大家提供一些实用的参考。

1. 优先级排序：抓住最重要的任务

高效的时间管理首先需要区分什么是重要的，什么是紧急的。美国总统艾森豪威尔提出了著名的“艾森豪威尔矩阵”，它将任务分为四类：

◇ 重要且紧急：立即处理的任务。

◇ 重要但不紧急：需要提前规划和准备的任务。

◇ 不重要但紧急：可以委托他人处理的任务。

◇ 不重要且不紧急：可以推迟或完全放弃的任务。

史蒂夫·乔布斯是一个典型的例子，他总是优先处理那些“重要但不紧急”的任务，这也是他能够建立苹果帝国的关键。他能够将大量时间和精力集中在产品创新和长远规划上，而不是在日常琐事中迷失自己。

作为一名演讲老师和创业者，我每天的工作中会有许多任务需要完成。在早晨，我会先通过清单列出当天的任务，并通过优先级排序来决定哪些任务必须立即完成，哪些可以稍后进行。通过这样的方法，我能够确保不被琐事打扰，集中精力做最重要的事情。

2. 番茄工作法：提升专注力和工作效率

番茄工作法是一种简单而高效的时间管理技术，其提出者是意大利人弗朗西斯科·西里洛。其核心理念是将工作时间分为25分钟的专注工作和5分钟的短暂休息，称为一个“番茄钟”。每完成四个番茄钟后，再进行一次较长时间的休息。

很多成功人士，如比尔·盖茨和马克·扎克伯格都强调了在工作中保持专注的重要性。他们都采取了类似番茄工作法的时间管理策略，通过高度集中的工作时间段来提升生产力。

作为创业者，我会利用番茄工作法来保持高效和专注。尤其是在处理复杂任务时，例如撰写演讲稿或进行团队策略讨论，我会将工作时间限定为 25 分钟，集中精力完成一小部分的工作。每当一个番茄钟结束，我会休息五分钟，喝水或走动一下，帮助自己保持清醒和高效。

3. 设定 SMART 目标：明确目标，避免模糊不清

埃隆·马斯克是一个设定并坚持 SMART 目标的典型代表。他在创办 SpaceX 和特斯拉时，设定了许多具体、可量化的目标，并在严格的时间框架内推进项目，最终取得了巨大的成功。

作为演讲老师，我会通过设定 SMART 目标来帮助学员实现成长目标。例如在为学员设定“演讲技能提升”的目标时，我会确保这些目标是具体的（如能够在两个月内进行一次 5 分钟的独立演讲）、可量化的（如通过录制演讲视频进行自我反馈），并且有明确的时间框架。这样的目标使学员能够清晰地看到自己的进步，保持动力。

4. 学会拒绝：减少无效的时间消耗

高效的时间管理不仅仅是完成好每一项任务，更重要的是有效地“拒绝”那些无关紧要的任务，避免时间被无效的事务占据。美国作家蒂姆·费里斯在《四小时工作周》一书中提到，我们每个人都应该学会减少而不是增加工作量，只有通过合理

的拒绝，才能给自己创造更多的高价值时间。

作家和企业家理查德·布兰森是学会拒绝的典范。他在采访中多次提到，自己常常拒绝一些无关紧要的社交活动或合作机会，专注于能够带来最大回报的任务和项目。他的成功部分缘于对时间的精准管理和高效利用。

作为创业者，我经常会面临各种诱惑和干扰，如不必要的会议和业务合作。学会拒绝那些不重要的请求，我能够节省大量的时间，把精力投入公司的战略规划和核心业务上。这也是我的团队能够保持高效运转的一个重要原因。

5. 时间块管理法：集中时间进行深度工作

时间块（Time Blocking）管理法是将一天分成多个不同的时间块，并为每个时间块安排特定的任务。在每个时间块内专注于一项任务，确保不会受到干扰。这种方法能帮助我避免掉入多任务操作（Multitasking）的陷阱，保持高效和专注。

比尔·盖茨和马克·扎克伯格都是时间块管理法的践行者。比尔·盖茨在其早期创业时期，曾将自己的日程安排得非常详细，每天分配一定时间进行深度思考、编程和会议。他认为，分配时间块使得他能够在有限的时间内有更高工作效率。

作为演讲老师，我将一整天的时间划分为不同的时间块，通常上午专注于备课和写作，下午进行学员授课和团队管理，晚上则用于思考和战略规划。通过这种方式，我能够避免工作中“任务跳跃”带来的效率损失，保持高效地工作。

6. 时间审计：分析浪费时间的地方

时间审计是指定期记录和分析每天花费的时间，并找出其中被浪费的部分。这种方法能帮助你更清晰地认识到自己的时间都花在哪些地方，并据此做出调整。

大卫·艾伦（David Allen）在其著作《搞定：无压力工作的艺术》一书中强调，时间审计是高效管理时间的第一步。通过对时间的细致审视，他鼓励人们找出那些消耗时间但并无实际产出的活动，从而有效地减少这些无意义的时间浪费。

我会定期进行时间审计，记录一周内的时间使用情况，并分析哪些环节可以改进。通过这种方法，我发现自己曾经在一些不重要的邮件回复和无意义的社交活动上花费了太多时间。通过减少这些活动，我能将更多的时间集中在业务拓展和思考上。

总之，高效时间管理不仅是安排工作任务，更是在健康的工作与生活之间建立平衡。通过结合“优先级排序”“番茄工作法”“SMART 目标”“学会拒绝”“时间块管理”“时间审计”等技巧，我们可以有效提高时间利用率，做出更明智的决策，从而实现个人和职业的双重成功。在我的演讲教学和创业过程中，这些方法能帮助我保持高效工作状态，不断向着更高的目标迈进。希望你也能从中受益，并在日常生活中尝试应用这些技巧，让时间为你提供强大的助力。

7.2.3 自律的重要性与实践

自律是实现目标的关键。通过设定明确的目标，培养良好的习惯，可以增强自律性。

我认为自律是最重要的个人素质之一，它不仅关乎个人目标的实现，更是塑造一个人内心力量的关键。自律能够帮助我们在生活的每一个领域有条不紊地推进工作，无论是职业、学习还是健康。其中，运动是培养自律的重要途径之一。我想通过亲身经历，尤其是我和跑步的故事，与大家分享自律的真正含义与实践。

1. 目标感：自律的第一步

自律的核心是目标，而跑步给予了我明确的目标感。每一次的长跑，都是一个设定目标、不断追求和实现目标的过程。在准备考研的那些日子里，我把跑步作为一个自我激励的工具。我设定了每天至少跑步1小时的目标，并且严格要求自己完成。最开始，跑步对我来说几乎是难以忍受的挑战。每天固定时间、枯燥的步伐、沉闷的空气，甚至每次停下来的疲惫感，都让我想要放弃。

但我始终告诉自己："离目标只有一步之遥。"每当觉得快坚持不下去时，我会提醒自己，跑步不仅仅是为了跑步，更是通过跑步学会如何设定目标并坚持到底。这种目标感，成了除跑步之外生活中最强大的驱动力。无论是在备考研究生时，还是在后来的工作中，设定目标并朝着目标努力的习惯，逐渐融入了我的生活。

每当实现一个小目标时，我都能感受到自己的成长和进步，这种成就感是无与伦比的。目标感让我清晰地知道自己努力的方向，避免了在工作和学习中的迷茫和无所适从。我也学会了如何将长期目标分解成阶段性的小目标，逐步突破自己的极限。

在创业的过程中，我也深刻体会到了目标感的重要性。刚开始设立艺颗橙子这个项目时，面临着各种挑战和压力。我学会了像跑步一样，将大目标分解成小的、可操作的目标。例如，我将每一个课程的内容设计分成几个模块，设定每个月的阶段性目标，并根据目标调整自己的工作方式。目标给了我方向感，而自律则让我能保持不偏离轨道。

2. 掌控感：通过自律获得控制自己生活的力量

自律给予了我巨大的掌控感，尤其是在跑步的过程中。记得那段时间，我不仅通过跑步获得了身体的健康，还找回了掌控生活的感觉。跑步成了我释放压力的出口，帮助我在高压的学习和工作中获得了极大的心理舒缓。

最让我印象深刻的是，我在坚持跑步的同时，顺利考上了上海戏剧学院的研究生，并且成功完成了自己的第一次马拉松。

那一刻，我真切感受到：我可以主宰自己的人生，不仅仅是在学业上有所突破，身体素质也因为跑步而变得更好。跑步带来的内啡肽也让我体验到了那种持续的愉悦感，它不仅能有效缓解压力，还让我在心态上变得更积极、更自信。

作为一名创业者，我深知控制自己生活的重要性。在面对各种工作压力、团队管理方面的挑战时，我通过保持自律，学会了合理安排时间和精力。每当陷入工作困境时，我都会强迫自己先进行一场跑步训练，不仅放松了自己，也能帮助自己更好地整理思绪，重新找回掌控感。跑步让我明白，只有保持身体和精神的最佳状态，才能更好地面对外界的各种挑战。正是因为自律，我才能从容地应对生活中的高压和挑战。

3. 韧性：自律锤炼我们的内核

如果你问我，一个人要想真正走得长远，需要具备哪一种能力？我会毫不犹豫地说：韧性。

这个词听上去没那么锋芒毕露，它不像勇气那么激昂，也不像激情那么热烈。但恰恰是这种不声不响的坚持、不动声色的承受、悄无声息的重新开始，支撑着我们在一次次快要放弃的时候咬牙撑住，再向前一步。

跑步教会了我这个道理。起初，我跑步是为了锻炼身体，后来我发现，它锻炼得更多的其实是心性。我喜欢跑马拉松，因为马拉松的前十公里靠的是兴奋和新鲜感，中间二十公里靠的是节奏和经验，而最后十公里靠的是纯粹的韧性，也就是你内心有没有一股不服输的劲儿。

有时你已经精疲力竭了，身体和意志都开始喊停，但你心里那个声音却在说："再跑一步试试。"就是这一步，让你发现自己远比想象的更强大。

我在创业过程中遇到过无数次"马拉松终点"：门店亏损、转化低迷、家长投诉、团队磨合不顺……有时候真的是撑一天算一天。但只要还没放弃，就始终会有转机。韧性，就是在看不到希望时，愿意把脚再往前挪1厘米的勇气。韧性不是一味地扛，而是边扛边修。我们说的韧性，并不是硬扛、死撑。真正的韧性，是边走边调整，边失败边学习，是有弹性的坚持。

记得有一段时间，市场整体下行，机构的转介绍率不是很乐观，试听率也不高。当时，我的第一反应不是责怪市场、抱怨团队，而是开始一点点复盘，包括从课程设计、老师状态到家长沟通的每一个环节。我不是没压力，而是学会了在压力下去寻找方法。这其实就是韧性的另一种表现——不是硬挺，而是在持续优化中坚持目标。

就像橡树，不是因为它坚硬才不倒，而是因为它足够有韧性，在风中能弯，在风过后能立。

老师也很需要韧性。作为老师，有时候你明知道眼前这个孩子很难带、很抗拒、很没有信心，但你依然得一遍遍地教、一点点地鼓励。不是因为你有多伟大，而是因为你愿意相信——只要我不放弃，他就有机会改变。

这种不放弃，就是韧性。它藏在一次次讲完课后你仍然愿意回看自己的表达、优化PPT、修改案例、重设互动等环节。它藏在你明知表达已经足够成熟，却依然坚持课后复盘的环节；藏在你明知道孩子当下未必明白，却仍愿意种下一颗种子的环节。

教师的韧性，是“慢工出细活”的执着，是那种相信“今天讲的话，也许孩子三年后会记得”的底气。

创业者的韧性，则是一种和世界的对抗。作为创始人，你面对的是更多现实的压力：房租、人力、品牌认知度、家长流失……那种几乎喘不过气的感觉，很多人无法想象。创业不是顺风顺水的旅程，而是一场穿越山路的远征。你不知道下一个弯道是上坡还是下坡，但你必须不停地走，因为你知道只有坚持走下去，才有到达峰顶的可能。

韧性，不是盲目乐观，而是在黑暗中依然相信光存在的能力。这份力量的背后，其实是自律。

我常对学生说：“自律会带来自由，而自由之后，是你面对自己时的底气。”很多人以为自律意味着逼迫、痛苦，其实不然。真正的自律，一种对内在目标的忠诚——你知道自己想要什么，所以甘愿一遍遍投入时间与精力。

比如跑步，看似单调，却正是在这重复中，锻炼出了你的韧性。它是面对压力时不退缩的内核力量。也正是这种力量，让我在销售遇冷时，仍能保持对客户的尊重；在教学卡顿时，仍能保持对课程的热情；在生活与工作的双重压力下，仍能维持情绪的稳定。

我们终其一生，其实都走在一条充满起伏的路上。决定我们能不能走远、走稳、走得漂亮的，不是起点，不是资源，而是是否拥有一种“我就不信自己做不到”的韧劲。

这份韧性不是天生的，而是通过一次次跌倒爬起、失败重来养成的，是你被拒绝第十次后还能带着微笑出门的修养，是你把每一件小事都做到极致之后的底气。它不是显眼的光环，却是支撑你熬过无数夜晚的那口气。

愿我们都拥有这样的韧性，在未来的“马拉松”中，不因短暂的疲惫而放弃，不因暂时的黑暗而迷失方向，一步步跑出更好的自己，真正成为那个想要成为的自己。

4. 运动中培养的自律，如何影响我们的生活与工作

从跑步到生活、从工作到创业，运动带给我的是一套非常完整的自律体系。跑步让我在生活和工作中养成了设定目标、克服困难、坚持到底的习惯，而这种习惯逐渐渗透到了我的生活和工作中。自律不仅仅是在体育训练中有效，在日常生活中，

它能帮助我保持高效的工作状态、稳定的情绪以及充沛的能量。

在工作中，每天清晨的跑步已经成为我生活的一部分，它能帮助我清晰地思考当天的工作任务，提升我的专注力。我学会了如何高效管理时间，如何将复杂的任务拆解成小目标，如何在压力和焦虑中找到平衡。每当遇到工作瓶颈时，我都会先通过跑步将自己从困境中拉出来，恢复精神后再面对挑战。

在生活中，我也保持着跑步带给我的规律性和自律性。我通过每天固定的时间进行跑步，合理安排家庭生活和个人时间。无论是育儿、学习，还是家庭事务，我都能做到高效管理，不让自己被琐事牵绊。这种高效的生活方式让我更加从容，也让我学会了如何在繁忙的生活中找到自我、保持内心的平静。

自律是成功的内核。自律是一种生活方式，它决定了我们是否能够追求并实现自己的目标。通过运动，尤其是跑步，我深刻理解了目标感、掌控感和韧性的真正含义。每一次跑步的坚持，都是我在与自我对话，是锤炼意志力、增强自信心的过程。在创业生涯中，正是因为在运动中培养出来的自律，我才得以突破一个又一个难关，实现自己的愿景。

跑步是一种锻炼身体的方式，但更重要的是，它锻炼了我的心智，让我学会了如何在生活的奔跑中找到真正的自我。自律不仅仅是对身体的要求，同样是对精神的锤炼。当我们学会了自律，就拥有了改变命运的力量，能够在任何困境中始终保持前行的动力。

7.3 终身学习与持续改进

在快速变化的商业环境中，持续学习和改进是保持竞争力的关键。然而，在当今社会，很多人都渴望快速致富，总是希望通过某些神秘的途径一夜之间获得成功。互联网上充斥着各种各样的所谓“成功秘诀”，一些博主和培训师还通过课程、讲座等方式，把这些所谓的“秘诀”卖给渴望一夜暴富的群体。但实际上，真正能带来长期价值的，往往不是短期成功，而是源自内心的持续努力与深耕不辍。

在多年的创业经验中，我逐渐意识到一个道理：人赚不到超出自己认知范围的钱。凭运气得到的，往往也会凭你的能力失去。很多人会被快速成功的诱惑所迷惑，却忽视了能力的深度和广度才是成功的根本。我曾经也在迷茫和困惑中经历过各种尝试，最终我认识到了“持续改进”和“终身学习”的力量。两者是我在创业道路上不可或缺的支撑，也让我能够在风雨中坚定地走到今天。

1. 打破“快富”思维：打破认知的瓶颈

网络上一些快速致富的故事，看似触手可及，却往往是构建在空洞的承诺之上。我们看过太多的爽文小说或者励志故事，幻想着自己能像主角一样，凭借一夜之间的顿悟或者外部机缘改变自己的人生。然而，现实并非如此。尤其是对于创业者来说，这种幻想与现实的落差，常常会让人在面对挫折时陷入深深的困惑和迷茫。

在初创企业时，我也曾被这些捷径吸引，曾经在网上花了大价钱听了一些所谓成功者的讲座，期待从中汲取灵感。然而，深入学习后，我才发现这些所谓的成功法则并不适用于所有人，尤其是那些没有足够的实践经验的人。我开始意识到，成功靠的从来不是一时的技巧，而是不断学习和积累，以及源自内心的自我认知和能力的提升。

雷军的成功，很多人都知道。在早些年，他通过金山、卓越网积累了丰富的经验，后来又成功做了小米手机，再到现在的造车。这些变化，表面上看似是“风口”加持，实际上背后是雷军多年来不断提升自己的能力和优化认知结构，精确把握行业趋势的结果。无论他做什么，从金山到小米，再到电动汽车，他都能迅速适应并引领潮流，背后的原因就是他对自己核心能力有着清晰的认知，以及对行业发展有深刻的洞察力。

雷军并不是一夜之间就获得了这些成就，而是通过多年的学习与实践，不断优化自己的能力结构。正是这种自我认知的力量，使得他无论遇到多少困难，都能够通过持续改进走得更远。

2. 深耕与自我进化：终身学习的核心

在创业旅程中，我也曾遇到过类似的选择和困境。尤其是在行业低谷时期，同行和一些合作伙伴曾经建议我："你这么努力，但这个行业现在这么难！为什么不换个赛道？同样的努力都能成功啊。"但我从未动摇过信念，坚信"深耕"才是唯一的出路。

所谓"深耕"，就是持续不断地在自己擅长的领域学习和积累，直到这个领域的技能成为自己不可替代的优势。深耕并不是一种短期的行为，而是一个长期的过程，需要我们耐心地去面对一次次的失败与挫折，不断地反思和改进。我曾经历过疫情带来的经济寒冬，也经历过行业转型带来的困惑。但每一次的困难，反而让我更加坚定了要继续学习、继续进步的决心。

我一直很喜欢日本企业家稻盛和夫的哲学，他说："无论做什么事情，都要拼命投入，持续努力。全力以赴，把眼前的工作做好、做完美。"这是我深耕精神的核心。他强调的是，成功并不是来源于一蹴而就的机遇，而是日复一日、年复一年不断努力的累积。

在多年的创业实践中，深耕一直是我唯一的法宝。无论面临什么困难，我依然坚持每天进行知识学习、思考与总结，保持对未来的信心。正如稻盛和夫所说，持续的努力才是通向非凡的真正动力。

3. 实践中的持续改进：小步快跑，步步为营

在创业过程中，终身学习和持续改进的力量，不仅体现在

理论上，更需要在实践中不断验证与调整。每一个成功创业者的背后，都有无数次的失败和试错。尤其在互联网时代，信息的更新速度越来越快，曾经成功的商业模式或方法，很可能随着时间的推移而变得不再有效。因此，持续改进和自我更新，成了每一个创业者都无法忽视的重要议题。

我自己曾经历过一段较为迷茫的时期，如实体创业的初期，市场竞争激烈、团队协作困难以及资金链紧张等。那个时候，我尝试过一些快速致富的商业模式，但都没有取得预期的效果。经过深思熟虑后，我意识到，真正能够带来持续回报的，并不是浮躁的投机，而是脚踏实地的实践与改进。我开始专注对市场的深度分析，对团队的精细管理，对产品质量的持续优化。在一次次小小的改进中，我逐渐建立起了企业的核心竞争力。

4. 自我认知与能力结构：成功的基石

每一个成功的创业者背后，都有一个强大的内核，即个人的能力结构。这种能力结构包括一个人对行业的认知、对市场的洞察、对自身优劣势的理解，以及对未来发展的规划。雷军的成功不仅仅是运气，更是扎实的能力积累的结果。同样，在创业过程中，我也认识到，如果没有足够深厚的知识储备和技能基础，就无法在竞争激烈的市场中站稳脚跟。

我的能力提升不仅仅体现在对行业的理解上，更在于对自己的认知和改进上。多年来，我通过不断学习、不断实践，逐步积累起了丰富的经验，也逐渐学会了如何在困境中找到解决问题的办法。在实际操作中，我通过反复的试错与反馈，逐渐形成了自己独特的管理理念和工作方法。这一切都源于我对自己的能力结构的深刻理解和对持续改进的执着追求。

5.“成为”的力量：学习与持续改进的精神

终身学习不仅仅是一种理念，更是一种态度，是我们面对生活中无数挑战时的一种内在动力。

在创办语言教育机构之初，最打动我的不是某一张漂亮的签单，也不是某一次公开课的满座，而是有一天，我在下班路上回想起学生在课堂上说的一句话：“老师，我感觉我真的在慢慢成为自己。”那一刻，我突然意识到，“成为”这两个字不只是我们品牌的口号，它代表的是一个人生命轨迹中最本质的东西。

你想成为一个好销售、好老师、好创始人，甚至是一个更完整的自己，其实都离不开两个关键词：终身学习和持续改进。这不是心灵鸡汤，而是我十多年在行业中摸爬滚打得出的最朴素的一点心得。成长没有终点，而我们要做的就是在每一个阶段，不断往更好的方向靠近一点点。

每一次校区的公开会上，我都习惯问一个问题：“大家希望我们的孩子成为一个怎样的人？”有人说希望孩子优秀，有人说希望孩子快乐，也有人说希望孩子自信、勇敢、懂得表达。我发现，很多人对“成为”这两个字，并没有真正思考过。

“成为”不是一个终点，而是一种状态，是一个持续的过程。成为一个有思想的表达者，成为一个值得信任的教育者，成为一个真正的销售高手，这一切都离不开背后那股持续学习、不断进化的力量。

人生不是百米冲刺，而是马拉松。学习是我们能在这场马拉松中坚持下去、跑得更稳、走得更远的唯一办法。创业初期，我也曾对所谓的“快速成功”抱有幻想，但很快就发现，不管你多会说、多懂营销，如果不懂产品、不懂人性、不懂教育的真谛，那些技巧迟早都会失灵。

真正打动人的，从来不是花哨的包装，而是你这个人，是你背后的那套逻辑、那种思考，是你对行业的热爱与专业，是你话语中沉淀的知识和经验。这一切，都要靠终身学习来实现。

有一段时间，我特别焦虑，市场环境变化太快，看别人好像很成功，看自己问题就很多。那段时间，我问自己最多的问题就是：“我是不是不够好？”但后来我明白，与其拼命追赶外部的节奏，不如扎实地做好自己。深耕自己的产品、打磨自己的表达、锤炼自己的团队，慢一点没有关系，但扎实一点很重要。

深耕是一种格局，意味着你愿意放弃短期的热闹，转向长期的价值；意味着你愿意面对枯燥的日常，不断优化。这既是一种自我修行，也是一种敬业的态度。

很多人问我，你是怎么做到面对这么多问题不慌张的？其实也没有什么秘诀，就是一直在改，一直在变。面对犹豫的客户，能心平气和地解答对方的顾虑，看穿他眼神里的不安和摇摆，是因为我在这条路上摔了很多跤，失败过很多次，但从未让自己停留在失败里。

我会把每一次销售失败的原因写下来：是表达出了问题，还是节奏没掌握好？是客户没理解价值，还是我们自己对产品的信心不够？这就是改进的起点。

不断复盘、不断调整，每改一次，我的心里就多一分底气。自信不是靠喊口号得来的，它是靠一次次实打实的修炼，靠自己亲手打下的“成长的地基”养成的。

我们处在一个前所未有的时代，人工智能迅猛发展、信息更迭速度惊人、客户也越来越挑剔。你今天觉得很成熟的销售话术，明天可能就会被客户识破；你今天刚刚理解的市场趋势，下个月就会彻底变化。

所以我告诉团队的每一个人：“不是我们选择终身学习，而是我们没有别的选择。”终身学习不是一个励志口号，而是一种生存能力。你愿意一直学习，就永远不会被时代淘汰；你能持续改进，就总能找到突破自己的方法。

我越来越相信一句话：你不是变得优秀之后才配得上被认

可，而是在不断“成为更好的自己”的过程中，自然而然地得到了机会。

你成为一个认真对待客户的人，客户自然就会信任你；你成为一个懂得反思的人，团队自然就愿意追随你；你成为一个真正愿意打磨产品的人，市场自然就会给予你回报。

“成为”不是靠演技，而是靠积累，是靠时间，是靠那些别人看不见、自己也不一定觉得“立竿见影”的改进。这正是“终身学习与持续改进”的真正意义。

作为一个主持人出身的创业者，我常常思考表达的意义。后来慢慢明白，表达是思考过生活之后愿意分享的痕迹。所以我们提出“成为有思想的表达者”，不是为了标榜语言高级，而是希望每一个学员、每一个团队成员，都能透过表达去思考、去感受、去连接，成为更清醒的自己。销售其实也是一种表达，我们终其一生，也在表达自己、销售自己。

“深耕”和“持续改进”，是我在创业道路上不断摸索出来的真理，也是我在面对挫折时能够不断前行的动力。通过终身学习，我不断完善自己的能力结构，也逐步找到了属于自己的道路。未来，我将继续保持这种“深耕”的态度，不断学习、不断反思、不断改进，做一个不断成长的人。在这条路上，我相信只有坚持和努力，才能真正实现个人和事业的突破。

成功并非一蹴而就，它是日积月累的结果。终身学习，持续改进，让我们在每一个平凡的日子里不断超越自我，迈向非凡。